崩壊するアメリカの公教育

崩壊するアメリカの公教育

日本への警告

鈴木大裕
Daiyu Suzuki

岩波書店

目次

はじめに——日本人が知らないアメリカの教育の闇

あなたはアメリカの教育にどのようなイメージを持っているだろうか。日本と異なり、教師による一方的な講義ではなく、活発な議論が繰り広げられるインタラクティヴな授業、生徒が教師に積極的に質問する自由な雰囲気、ただ暗記させるのではなく考えさせる授業……。戦後、「アメリカに追いつけ追い越せ」と頑張って社会再建の道を歩んで来た日本で、そのような好意的なイメージをアメリカの教育に抱いている人は少なくないと思う。だが実際には、それは「アメリカの教育」の光の側面に過ぎず、闇の部分は日本ではほとんど知られていない。

私自身、その栄光の側面しか知らなかった。知らず知らずアメリカに憧れて育ち、一六歳の時に思い立って留学した。『オレゴンから愛』などのテレビドラマの影響もあり、当時はちょっとした留学ブーム。私は、「ホールダネス・スクール(Holderness School)」という、あえて日本人のいないニューハンプシャー州の小さな学校を選んだ。そこは美しい自然の中にある、私立の全寮制高校だった。

日本を発つ時、母親に「あなたの留学にはこれだけのお金がかかる」と具体的な金額を見せられた。厳しい母に質素に育てられたため、見せられた数字は当時の私にとって未知なるものだった。

「日本での私たちの生活は苦しくなるけど、私たちも頑張るから、あなたも一生懸命やってきなさい」という母の一言が、その後の自分を支え続けた。

留学先での一人の先生との出会いが、私の人生を大きく変えた。英語（国語）の先生で、詩や小説を通して、用意された答えではなく、一人ひとりの考えとその生徒だけの真実を徹底的に追求する先生だった。彼は、拙い英語を通して聞こえてくる私の声に耳を傾け、それを高く評価してくれた。幾晩も徹夜をし、言葉を選び、作文を書き直した。生まれて初めて、自分が「学んでいる」と感じた。

一六歳の私の目に映った日本の社会

その頃同時に、「今まで自分が受けてきた日本の教育は何だったのだろう」と考えるようになった。その問いに最も驚いていたのは、私自身だったのかもしれない。私はずっと学校が好きだった。小学校一年生から高校で留学するまでお世話になった担任の先生は全員覚えているし、先生には恵まれてきたと自負している。私の結婚式に勢揃いしていただいたほどだ。ただ、受験やその他の試験を軸にして行われる日本の教育は、ホールダネスでの教育とは本質的に異なっており、今にして思えばきっと私の日本の先生たちも、そんな窮屈な教育環境の中でもがいていたのではないだろうか。

高校一年生の時、留学したいと思った一番の理由は、「このままでは自分がユニークになれない気がする」というシンプルな懸念だった。それは案外、的外れではなかったのかもしれない。一言で言えば、社会が提示する「幸せの形」に私自身が魅力を感じていなかったのだと思う。もし社会における幸せの形が、偏差値の高い学校に行くこと、給料の高い仕事に就くこと、裕福な暮らしをすることに限定されているのであれば、教育さえもがその窮屈な価値観に閉じ込められてしまうのは不思議なことではない。学校ではテストの点数の高い子が良しとされ、若者たちは入学する大学の偏差値で優劣が決められる。社会に出たら名のある会社に勤めること、そして稼ぐ年収で人間の価値が決められてしまう。

高一の冬、このままでは自分がつまらない人間になると私は確信していた。一生懸命勉強して入った高校での生活は楽しかったが、心の奥底ではどうしようもない虚無感を抱いていた。楽しさは持続せず、いつも新しいエンターテインメントを探し求めていた。そしてある時、自分の将来がくっきりと目に浮かんだのだ。このままあと二年遊び、受験の時期になったらまた死ぬほど勉強し、そこそこの大学に入り、どこかの会社に就職する……。はっきりとした将来の目的も見えず、なんてつまらない人生なのだろうと愕然とした。

一九九〇年、奇しくも私がアメリカに留学した年に出版された『教育とは何か』の中で、教育学者の大田堯《たかし》は次のように書いている。

つまり学習効率競争の成績・順位がそのまま、進むべき学校と、将来属する人生分野とを決定するようになっています。これでは子どもたちの「どう生きるか」という人間にふさわしい目的意識を内面からきたえ、かつ育てることはむずかしいのです。その結果〝めあてのない欲求不満〟はいっそう増幅されることになります。不登校、登校拒否、緘黙、いじめ、非行等々、あらゆる現代の青少年の行動の背景に、何を求めたらよいのか、何を相手として抵抗したらよいのかが見通しかねる、人間という動物にとってもっとも底の深い不安、苦悩があるように考えられます。それは実存的欲求不満と表現してもよいでしょう[1]。

実存的欲求不満。一六歳の私が漠然と感じていたものは、まさしくそれだった。

高校卒業後、そのままアメリカに残り大学と大学院修士課程に進学し、私は教育学を学んだ。そして計八年の留学を終えた時、自分の目で日本の教育現場を確かめたいという想いに後押しされ、日本で教師になる道を選んだ。

意識し始めた公教育の難しさと意義

帰国後、すぐにでも現場に立ちたいという私の前に、東京都の教員免許制度が立ちはだかった。アメリカで取得した教育学の単位は一切認められず、基礎英語とバレーボールの単位だけが認められた。それどころか、コールゲート大学（Colgate University）とスタンフォード大学教育大学院（Stanford University Graduate School of Education）の学位さえもが最初は認められなかった。結局、自分で両教育機関に関する情報（所在地、歴史、学生数、その他詳細）をすべて日本語に翻訳し、学位だけはやっと東京都教育委員会に認可してもらった。これは一九九九年のことだが、実際は今も変わっていない。日本を代表する国際都市である東京において留学経験者の教育現場への受け入れがこの状況であるのに、日本が本気で英語を話せる子どもたちを育てようとしているとは到底思えない。

話を元に戻そう。結局、私は通信教育で二年半かけてやっと、中・高一種英語教員免許を取った。のちに英語という教科の魅力に気づくことになるのだが、当初は特に英語に興味があったわけではなく、ただ「教師になりたい」という想いの方が強かった。

「生徒との距離感が近そうだから」と迷わず中学校を選んだ私の直感は当たり、すぐに教師という仕事の魅力にはまった。その後六年半、千葉県千葉市の公立中学校で英語教諭として勤めた。多様な家庭環境から幅広い能力の生徒たちが集まる環境で、「公教育」の難しさと意義、そして可能性を実感した。

詳しい経緯は後で述べるが、教員七年目の二〇〇八年、私は日本の教育改革への足がかりにと考え、教員生活に終止符を打って再びアメリカに渡った。チャータースクール（公設民営学校）等による学校選択制や、教員の能力給制度など、市場理論を積極的に取り入れ、「改革」の名にふさわしい大胆な政策を次々に実践するアメリカ。思い返せば、停滞しているかのように見えた日本の教育の進むべき道を、私はアメリカの「市場型教育改革」に見出そうとしていた。入学した大学院の博士課程では、それらの取り組みを積極的に学んだ。しかし、市場原理のマクロな視点から教育をシンプルに見つめれば見つめるほど、人間の教育が簡素化され、子どもたちや先生たちの温もりが感じられなくなるような気がした。「市場型教育改革」の名の下に行われる大規模な学校閉鎖、教員の一斉解雇、それらのためにたらい回しにされる子どもたちを目前にして、誰のための、何のための教育なのか、公教育をどう定義するのか、「公」とは、「教育」とは、「民主主義」とは何なのかを考えさせられた。そして、研究すればするほど見えてきたのは、逆にこれら「市場型教育改革」

の負の側面だった。

再渡米して気づいたアメリカの凄まじい教育格差

「自由と平等の国」アメリカの憲法が、教育を受ける権利を国民の基本的人権として保障していないことをあなたはご存知だろうか。

実際、最低限の教育を受けられない子どもも多く、アメリカは国連が採択した子どもの権利条約も批准していない。二〇一五年になって南スーダンとソマリアが相次いで批准したため、国連加盟国一九三カ国中、署名しておきながら未だに批准していない国はとうとうアメリカだけとなった⑵。

第3章で詳しく触れるが、従来、アメリカでは土地にかかる固定資産税が教育予算の主要な財源となっており、地価の格差によって露骨な教育予算の不平等が生じる。高級住宅街に有名私立校顔負けの教育施設やスタッフを誇る公立校が存在するかと思えば、教育ニーズの高い貧困地区の学校では経験豊富な教員を雇えず、教科書も人数分揃えられず、チョークやトイレットペーパーさえままならない所もある。世界で最も裕福な国アメリカで今日も続くこのような不平等を、私たちはどのように理解したらよいのだろうか。

激しい格差を生む公教育予算制度の正当性は、アメリカ連邦最高裁でも問われてきた。しかし、結果的にアメリカが選んだのは、十分な教育を受ける権利をすべての国民に保障し、貧窮する地区の子どもたちの教育のために富を再分配するという困難な道ではなく、市場原理の導入による貧困地域の教育改善という、安易で実験的な逃げ道だった。

本書の構成

第1章では、一九八〇年代以降、アメリカで行われてきたその社会実験を「新自由主義教育改革」と定義し、そのさまざまな側面に光を当てつつ、マクロな視点からその全体像の検証を試みる。そこに至るまでのアメリカ国家の歴史的変遷と世界的潮流、公教育の市場化と格差拡大の関係、公教育民営化の実態、大胆な改革を可能にする「小さく、強大」な新自由主義国家の権力構造などのパラドックスを取り上げつつ、そこから見えてくる「公教育」や「民主主義」という社会の根幹となる概念そのものの危機を考える。

第2章では、公教育の民営化に焦点を絞って掘り下げる。人間の教育は数値化、標準化、そして商品化され、教育のあらゆる側面において進められた民営化は、いつしか公教育を巨大なビジネスの土壌に変えてしまった。さらには、企業が政治との癒着を強めることで、企業の利益を目的とした教育政策に歯止めがかからなくなった。「企業の企業による企業のための教育改革」(3)の実態を、世界最大手の教育出版社、ピアソン・エデュケーションの事例を通して検証する。

第3章では、新自由主義教育改革の象徴とも言える「市場型」学校選択制に焦点を絞り、市場化が公教育の公共性に及ぼす影響を考える。

アメリカが新自由主義教育改革路線へと政策の舵を切るにつれ、アメリカの貧困地域では、学力の低迷を理由に従来の公立学校が次々と閉鎖される代わりに、チャータースクール(公設民営学校)

などの選択肢が新設され、すべての学校が生存を懸けて点数の取れる生徒を奪い合う一大教育市場が生まれた。一九九〇年代後半から政府によって推進されてきた日本の学校選択制とは異なり、いわゆる「市場型」は、学校選択制の名の下に公教育の序列化を正当化し、出自や身分に関係なく社会における機会均等を保障するはずの義務教育システムを、皮肉にも経済格差を拡大する社会装置へと変え、誰にでも開かれた公立学校の概念を過去のものとした。また、度重なる規制緩和により、「公」と「私」の境界は不透明化し、貴重な税金が「公教育」の枠組みの中で営利企業に流れる、という皮肉な事態が起きるようになった。英語では学校選択制のことを「スクール・チョイス(選択肢)(school choice)」と呼ぶが、「教育消費者」として手に入れるたくさんのチョイスの代償に私たち市民が失うものは何なのだろうか。

このような公教育の市場化は、教員と教員を取りまく環境にどのような影響を及ぼすのだろうか。**第4章**では、一〇年以上もの間、人知れずアメリカで行われてきた発展途上国からの「教員輸入」という驚くべき問題を取り上げる。日本の読者にとっては突拍子もない話のように聞こえるかもしれないが、そもそもなぜそのような取り組みが可能になるのだろうか。地域や学校や子どもの違いを無視する教育の標準化とそれに伴う教育市場の拡大、その過程での徹底的な効率化と利益追求の果てに見えてくる「使い捨て労働者」と化した教師像と次世代への投資を拒む新自由主義国家の姿は、日本にとっても非常に示唆深いものがある。

公教育の市場化はすでに、国境を越えたグローバルな現象になっている。そしてそのグローバル化の一翼を担っているのが、OECD(経済協力開発機構)が三年ごとに実施するPISA(国際学習到達度調査)だ。ＰＩＳＡは日本でも「ＰＩＳＡ型学力」や「ＰＩＳＡショック」などの言葉で広く知られ、また受け入れられているが、今、世界中の教育学者や教育者らが、拡大し続けるＰＩＳＡの影響力に対して批判の声を上げ始めている。**第5章**ではこのＰＩＳＡに焦点を当て、新自由主義教育改革のグローバル化を検証する。そもそもなぜ私たちは、市場経済の拡大に献身するＯＥＣＤが世界中の公教育を遠隔評価し、各国の教育政策に多大な影響を与えている今日の状況を当然のように受け入れているのだろうか。私たちはなぜ、世界市場における経済的競争力の増強を目的とする狭く偏ったＯＥＣＤの学力観を、無批判に受け入れているのだろうか。そしてその代償とはいったい何なのだろうか。新自由主義と「グローバル・スタンダード」の密接な関係を検証する。

一九八一年のレーガン政権発足以降、アメリカでは公共事業の規制緩和と民営化が進んだ。年金や健康保険等の社会福祉事業は縮小され、労働組合が解体されるとともに、社会的弱者の排除と労働者の使い捨てが行われるようになった。経済格差が拡大し、社会において「勝ち組」と「負け組」の二極化が進む中、教育においても「ゼロ・トレランス」の名目でエスニック・マイノリティ、障がいを持つ子ども、そして学力の低い子どもの積極的な切り捨てが始まった。**第6章**では、近年日本でも姿を見せ始めた「ゼロ・トレランス」政策が、基本的人権や公教育の理念に対していかなる影響をもたらすのかを検証する。

第7章では、近年日本でもよく耳にするようになった「アカウンタビリティ」という言葉を検証する。よく「説明責任」や「結果責任」などと訳されるが、本来この言葉に「責任」という意味は無い。それなのに、今ではあたかも責任の同義語のように使われ、教育でも「アカウンタビリティ」の名の下に税金に見合う「費用対効果」を求めることで教育現場の責任を追及する現実がある。しかし、そもそも誰が、どんな基準で、いかなるタイムスパンで、何を教育の「効果」と呼んでいるのだろうか。そのような問いから見えてくるのは、数字にできるもの、測定可能なもの、経済効果のあるものだけを効果として評価する極端に偏った教育観と、国民を「納税者」としか扱わない新自由主義国家の姿だ。単なる納税者としてではなく、民主主義を支える主権者としての私たちの責任とは何なのだろうか。教育という社会の根幹を成す営みの評価の在り方を問うことで、社会の在り方そのものを問うことはできないだろうか。この章では、アカウンタビリティと新自由主義の関係を検証し、教育における責任の在り方を考える。

二〇一五年以降、プロ教師育成の名目で、教員免許の国家資格化、教員採用における共通試験導入、教員インターン制度導入などの議論が、第二次安倍政権下で活発化している。プロの教師を育成する、教職を高度な専門職にすることは、必然的に望ましい動きとして捉えられがちだが、はたしてそうなのだろうか。そもそも何をもって「教師の専門性」や「プロの教師」が定義されているのだろうか。アメリカでは一九八〇年代に国家の「教育危機」が叫ばれて以降、教職の高度専門職化を図る運動が活発化した。しかし、スタンダード（標準）とアカウンタビリティ（結果責任）という「数値による統治(4)」の流れの中で教師が「教育成果」を証明することに邁進した結果、教えるという複雑な行為はテストの点数を上げるテクニックへと矮小化され、皮肉にも教職の超合理化と脱専門職化を招いたという歴史的経緯がある。**第8章**では、「プロの教師」を考える中で日本の進むべき道を模索する。

しかし、もちろん、教育のあらゆる側面に対して行われる新自由主義的な抑圧に対して、人々は何もしなかったわけではない。教員、生徒、親、教育学者、市民らは反発を強めていき、やがてアメリカ各地で社会運動に発展していった。その象徴とも言えるのが二〇一二年のシカゴ教員組合による一斉ストライキだった。**第9章**では、新自由主義教育改革に対抗する市民らの取り組みの一つとして、シカゴ教員組合ストライキを検証する。弱体化し、機能しなくなっていた教員組合を、教員たちが自己利益しか考えない労働組合から「公衆のために公教育を守ろうとする教育者の集団」として再生させ、ストライキを公教育の「公」を取り戻す社会運動へと発展させていったその過程からは、教育問題を一つの「窓口」として政治や社会の在り方そのものを問い直すという新しい方向性を窺うことができる。

第10章では、親や教師らの取り組みにスポットライトを当てつつ、アメリカにおけるその他の新自由主義への抵抗運動を紹介する。その一つは親たちによる学力標準テストのボイコット運動だ。二〇一二年頃から徐々に広まっていったこの運動は、二〇一五年には全米で六七万五〇〇〇人の生徒がテストをボイコットするという大規模なものに発展した。この運動の拡大にはどのような背景があったのだろうか。また親たちはなぜ子どもにテストを受けさせない決断をし、そうすることで何を手に入れたのだろうか。教師らの抵抗運動もまた目覚ましいものがある。実にさまざまな彼らの運動からは、教育の専門家でありながらこれまで無視され続けてきた自分たちの声を政治の場に届けよう、教育を自らの手に取り戻そうと格闘する教師たちの姿が見えてくる。最後に、世界各国で猛威をふるう新自由主義とそれらの国々で台頭するファシズムとの関係を考え、「悪は思考停止から生じる」と言ったハンナ・アーレントの言葉を元にこの時代における公教育の在り方を問い直す。

アメリカ公教育の惨状が日本に伝わりにくい理由

日本で講演会などで話をすると、「アメリカで教育を受けてきた人で、アメリカの教育を批判する人は珍しい」と言われることがある。それもそのはずだ。自戒の念をもって言えば、アメリカで教育を受けてその素晴らしさを日本で発信する人たちは皆、大学や大学院など、すでに選ばれた人たちが学ぶ高等教育機関であったり、義務教育だとしても比較的裕福な郊外であったり、大学を中心とする学園都市などの教育環境が整った場所で教育を受けている一部の「エリート」だからだ。都市部のスラムにある公立学校で教育を受けた日本人は少ないのではないだろうか。崩壊しつつあるアメリカ公教育の実態が日本に伝わりにくいのは、きっとそのような事情からだろう。私は、アメリカの公教育政策を学べば学ぶほど、自分がホールダネスで受けたような教育はアメリカの中でも特殊な教育だったことを知り、愕然とした。読者の中には、私のようにアメリカの教育の恩恵を受けた人も少なくないだろう。本書はそれらの人たちにとって特にショッキングな内容かもしれない。

誤解がないように言うが、私はアメリカという国は大好きだ。一六歳で留学して以来、多くの人たちの優しさと寛大さに触れ、深い感銘を受けてきた。現在私が所属する大学院博士課程への留学も、アメリカ国務省が統括するフルブライト奨学生制度によって初めて可能となったものだ。また、富と貧困、寛大さと厳しさ、自由と迫害、保守と革新、そして他文化に対する寛容と差別など、若く、巨大で、多様なこの国が抱える矛盾に戸惑い、また魅了されてきた。しかし、新自由主義を推進し続けることで経済格差を拡大させ、社会的弱者の自由を奪い、切り捨ててきた近年のアメリカ国家の在り方は、どうしても好きにはなれない。恩義を感じるからこそ、自由と平等の建国の理念とは相反する方向に向かうアメリカに対して警告の声を上げることが、自分なりの恩返しだと信じている。

ハーレムの公立校に子どもを通わせて見えてきたこと

このようなアメリカ公教育の姿を、私は研究を通してだけではなく、低所得世帯の子どもたちが多い公立小学校(日本でいう幼稚園年少から小学五年生までが通う)に二人の娘を通わせる父親としても目の当たりにしてきた。

現在私が在籍するコロンビア大学はニューヨークのマンハッタンにあるが、同地域はアメリカ黒人文化の拠点の一つであるハーレムに隣接しており、私たち家族は再渡米後二年目から、地価の安いハーレムに住んでいる。「学校を選ばないことを選択する」という信念のもと、私たち夫婦は、娘の受け入れ校となった地元の学校を改善することに全力を尽くしてきた。私自身、二年目からは保護者会代表としてスクール・リーダーシップ・チームに参加し、保護者会会長(二〇一五〜二〇一六)としても先生がたと力を合わせてきた。しかし、深く関われば関わるほど見えてきたのは、経済格差が露骨に教育格差として反映される学校システム全体の構造的な問題だった。この点については第3章で詳しく述べる。

日本ではまだ、新自由主義の本当の恐ろしさが知られていない

五年ほど前、ある日本の教育学者が私にこのようなことを言った。「ネオリベ（新自由主義）批判はもう終わった。次に何が来るのかを知りたい」。しかし、本当にネオリベ批判は終わったのだろうか。今日の日本における新自由主義の支配力は、当時と比べて弱まるどころか勢いを増している。

二〇一五年夏、久しぶりに帰った日本で、それを象徴する出来事があった。私が育った千葉県千葉市では、年に一度の市民花火大会がある。幼い頃は、打ち上げ会場に早く行って、上から降りかかってくる花火を浜辺の特等席で見た記憶がある。もちろんお金を払ったことなど一度もなく、いつも早いもの順だった。それがどうだろう、何十年ぶりに偶然居合わせた花火大会では、浜辺の特等席はすべて有料席として売られていた。A席、B席、C席に加え、もっと遠いシーサイド席、リバーサイド席まであり、人々が当然のように自分の予算に応じた席を買っている姿に衝撃を受けた。昔、花火大会は何かのお祝いや、死者の慰霊の意味を込めて庶民のために行われていたはずだ。しかし、新自由主義の台頭で宗教行為⑤を含むあらゆるものがお金で買える世の中になるにつれ、昔は分け隔てなく公衆のためにあったものがどんどん縮小し、経済格差が社会の至る所で見られるようになった。

「日本ではまだ、新自由主義の本当の恐ろしさが知られていないのかもしれない」。このような危機感と警告の必要性から、私は本書を執筆した。このように新自由主義がアメリカ公教育を蝕む過

程を描くことが諸刃の剣だということは私にもわかっている。日本で機会を狙っている新自由主義論者に、先行事例として読まれる可能性もあるからだ。

そんな中、世界的なベストセラーとなった『ショック・ドクトリン』[6]の著者ナオミ・クライン(Naomi Klein)の言葉が脳裏をよぎる。ショック・ドクトリンとは自然災害、またはクーデターなどの人為的な大惨事の直後、まだショック状態にある社会に対して、急激で覆せないほど大規模な民営化によって新自由主義社会をつくるという構造改革の手法だ。クラインは、私たちが必要な情報を得ることにより、「ショック・レジスタント(shock resistant：ショックに耐え得る性質)」にならなければならないと主張する。

読者の中には、「日本の現実とはかけ離れ過ぎている」、または「アメリカの公教育はそこまで酷くない」と思う人もいるかもしれない。

しかし、新自由主義社会の最先端を見ることで、「アメリカ公教育の崩壊はここまできている」と知ることが、私たちをショック・レジスタントにするのではないかと思う。そのため、私はアメリカの新自由主義教育改革のモザイク画を描くつもりで幾つかの象徴的な事例に光を当て、とどまる所を知らない新自由主義のロジックの展開を分析することを心がけた。そのことをご了承いただきたい。

第1章

教育を市場化した新自由主義改革

ニューヨーク市の貧困地域にはチャータースクール（公設民営学校）の広告があふれる．撮影＝筆者．

アメリカの公教育をのみ込む民営化の大波

公教育とは何なのだろうか。「公」とは、「教育」とは、いったい何を意味するのだろうか。崩壊しつつあるアメリカの公教育を間近で見ていると、そんな当たり前のことがわからなくなる。

アメリカに初めてバウチャー制（貧しい家庭の子も私立校に通えるよう税金で学費を一部負担する仕組み）を紹介し、公教育民営化の必要性を叫んだ経済学者、ミルトン・フリードマンは、かつてアメリカの公教育を「自由市場の海に浮かぶ社会主義の孤島」(1)と嘆いた。だがその孤島さえもが、今、荒れ狂う民営化の大波にのみ込まれようとしている。

二〇一〇年一月、アメリカ連邦最高裁は、「シチズンズ・ユナイテッド対連邦議会選挙委員会」の裁判で、企業に対して、政府から規制されずに選挙広告に際限なく資金を投資できる権利を認めた。判決は、企業の政治参加の権利を大幅に拡大するもので、企業を「言論の自由」を持つ「個人」であるとして、企業にとってのメディアを用いた選挙広告を個人にとっての「スピーチ」と同等とする驚くべき内容だった。この判決の効果はすぐに表れ、判決が出た年の候補者陣営以外の企業および団体による選挙広告への投資は、前年の約八八六万ドルから三億ドル以上へと跳ね上がった(2)。

これこそが、今のアメリカの「民主主義」のビジョンであり、それが教育にも露骨に表れている。例えば、「世界最大手の教育出版社」と言われるピアソン・エデュケーションは、イギリスを拠点にする多国籍複合企業ピアソン・インターナショナルの北米支部だが、政治家の天下りルートの確立と、同系列のピアソン財団を経由した現職の政治家らに対する精力的なロビー活動などの政治との癒着により、「落ちこぼれ防止法（No Child Left Behind Act）」の更新、「頂点への競争資金（Race to the Top Fund）」、「全米共通学力基準（Common Core State Standards）」[3]などを推進し、自社が提供するテスト、教材、データシステム等の需要の拡大に成功してきた（詳細は第2章）。

今日のアメリカの公教育政策を陰で動かしているのは、ピアソンに代表される教育産業、そしてゲイツ財団、ブロード財団、ウォルトン財団のように「慈善事業を投資と見なす」[4]ベンチャー慈善財団であり、本来の民主主義の枠組みの中で理解しようとしてもつじつまが合わない。ここに見られるのは、「公」と「教育」という社会の根幹となる概念の崩壊であり、民主主義そのものの危機だ。

よって、一九八〇年代以降拡大してきた、公教育のあらゆる側面に市場原理を取り入れる教育政策は、それらを取り巻く社会的価値観とビジョンの表れであり、これらを教育政策という狭い枠組みの中で扱うことは逆に危険だ。さらに言えば、これは一国の教育政策という狭い枠組みを遥かに超え、グローバルな流れと権力抗争の中で見つめることが求められている。

ベルギーのマーテン・シモンズ、イギリスのマーク・オルセン、アメリカのマイケル・ピーターズという教育学者らは、二〇〇九年の共編著[5]で、「各国政府が、自国の教育政策を再編成、正当化、展開することにより、グローバルな統治の場において頭角を現そうとする」現象を指摘している。これはまさに、現在の第二次安倍政権がやろうとしていることではないだろうか。

安倍政権は、「グローバル人材の育成」の必要性を説き、公教育における英語、理数系、ICT（情報通信技術）重視のエリート教育を推し進めている。また、民主党政権下で抽出式にされた全国学力テストを、「きめ細かい調査」の名の下に、二〇一三年度は国公立すべての学校が参加する悉皆式に戻した。さらに注目すべきは、このようにグローバルなトレンドに即して教育政策を再編成する上で、道徳教育の教科化や教科書制度の改革など、独自に付け加えたアジェンダをも推進していることだろう。

レーガン政権に始まる公教育の市場化と格差拡大

レーガン政権下のアメリカ教育省長官の諮問機関が報告書「危機に立つ国家（A Nation at Risk）」（一九八三）を発表して以降、アメリカは新自由主義にもとづいた教育改革路線を突き進んできた。そのシンボルとも言うべき制度が学校選択制だ。それ自体は、単なる学区制の廃止、公設民営のチャータースクール制、税金で子どもたちが私立校へ通えるよう支援するバウチャー制、これらの組み合わせなど、さまざまな種類のものがある。

現在全米に広がる「市場型」の学校選択制は、競争原理を軸に各学校の競争力を上げようと試みるもので、各学校と家庭に排他的な競争を強いることで、教育システムを一大市場へと変えてしまった。そして、全校参加の統一テストなど、点数にもとづく画一的な評価の下で選択制を行うため、学校の序列化が起こり、同じ公立学校なのに「あたり」と「はずれ」が生じるようになった。

この制度の根拠には、各学校、各家庭に平等な競争が保障されるという想定があったが、逆に、地域や家庭間のさまざまな環境の違いが競争に反映され、格差を再生産する結果となった。それは、入学を希望するすべての者に開かれた地元の学校という従来の公立学校の形が過去のものとなったことを意味していた（詳しくは第3章）。

公教育の民営化で不透明化する公私の境界

また、バウチャー制とチャータースクール制の導入は、「公」と「私」の境界を不透明にした。州によっては、進化論を否定した上で、神による人類の創造説のみを子どもたちに教える宗教法人の学校が、公的資金を受けることも可能になった。「公教育」の枠内で、株式会社が営利目的のチャータースクールを運営し、税金から収入を得ながら、生徒から学費を徴収する例もある。ミシガン州では二〇一四年の時点で、チャータースクールの約六五％が営利企業による運営だった⑥。

さらには、マスコミや教育関係者が「マックチャーター」と呼ぶ、マクドナルドのように全国にフランチャイズ展開するチャータースクールまで出てきている。そして、これらのマックチャーターがファーストフード店と同様に、都市部の貧困地区に集中している点は皮肉としか言いようがない。裕福な地域にチャータースクールがほとんどないのは、固定資産税を財源にした贅沢な教育予算、あるいは経済力のある親たちが調達する恵まれた資金に支えられた質の良い公立学校が存在するので、そもそも「選択肢」の必要がないからだ。

例えば、マックチャーターの中でも有名な「Knowledge Is Power Program（KIPP）」は、ワシントンDCを含む全米二〇州で、実に一八三校のチャータースクール（生徒数七万人）を展開している⑦。

私が住んでいるニューヨークのハーレムでも，チャータースクールの宣伝が至る所で目にとまる．撮影＝筆者．

そして、これらのマックチャーターは、ヘッジファンドや大手銀行の投資対象となるため、トップは莫大な報酬を手にする傾向がある。ニューヨーク市だけで三二校の「非営利」チャータースクールを展開するサクセス・アカデミー（写真）は、二〇一三年度に三四六〇万ドル（一ドル＝一〇〇円の単純計算で三四億六〇〇〇万円）の売り上げを計上し、創始者のエヴァ・モスクウィッツはその年に五六万七〇〇〇ドル（約五六七〇万円）の年収を得ている。[8] このように、成功しているチャータースクールの経営者が四〇〇〇万円以上の年収を得ている例は珍しくなく、チャータースクールの何十倍もの規模を誇る公立学校区の教育長よりも遥かに高い年収をそれらのチャータースクール経営者が同じ「公立学校」という枠組みの中で得ていることが問題視されている。また、チャータースクールのフランチャイズを積極的な縁故者採用で経営し、一族で多額の年収を得ている例も報告されている。[9]

さらには、チャータースクールが、配分される予算から多額の金を自校の宣伝に投入する傾向にあることも批判の対象になっている。[10] チャータースクールを含めて、各学校に配分される予算はあくまでも「教育予算」であるはずなのに、それが生徒集めの宣伝に使われてよいのだろうか。何億もの税金がチャータースクールの宣伝に使われ、その経営者らが多額の報酬を得ている事実は許容し得るものなのだろうか。

例えば、オハイオ州では、生徒一人につき約六三〇〇ドル支出しているのに対して、徹底的に効率性を追求するオンラインのチャータースクールでは、生徒一人にかける費用をたった三六〇〇ドルに抑えていることが報告されている。それによれば、同州を代表するオンラインチャータースクールである、オハイオ・バーチャル・アカデミーを四年間で卒業する生徒の割合は、わずか三〇％だという(11)。

経営を拡大する店があれば、閉店へと追いやられる店もあるように、廃校となるチャータースクールも少なくない。全米教育統計センターのデータによれば、二〇〇一年から二〇一三年までの間に、約二五〇〇校ものチャータースクールが閉鎖され、初等・中等学校を放り出された子どもたちは二八万八〇〇〇人にのぼった。現在のトレンドは、従来の公立学校を閉鎖して新たなチャータースクールをつくることだが、このデータによれば、チャータースクールの失敗率の方が、従来の公立学校のそれを大きく上回っている。また、データを分析した「メディアと民主主義センター」によれば、編入先の学校の質にかかわらず、閉鎖された学校の子どもたちの卒業率が下がる傾向があることなどから、安易な学校閉鎖の危険性が指摘されている(12)。

では、ヘッジファンドや銀行は、なぜチャータースクールに積極的に投資するのか。もちろん、企業の社会的責任などというきれいなものではない。

最大の理由は、新市場税控除と呼ばれる連邦政府の租税優遇措置制度にある。ある投資信託会社

フィラデルフィア市内ではすでに2011年から廊下やロッカー，食堂のテーブルなど，校舎内のスペースに積極的に民間広告を導入している地域もある．
（出典＝Philly. com, 2011年10月16日．http://articles.philly.com/2011-10-16/news/30286428_1_pennsbury-ads-middle-and-high-school）

の社長は、融資相手が地方政府であることや、連邦政府のチャータースクール拡大の方針を挙げて、チャータースクール建設融資を、「高成長の、非常に安定した、景気に左右されないビジネス」であり、「人気商品」と説明する。⑬

まず、新しいチャータースクール建設への融資には、三九％という寛大な税控除が与えられる。そこに、雇用促進など他の租税優遇措置を組み合わせることで、最初に融資した資金は七年後には約二倍になって地方政府から返還されるという。このような公教育の民営化は、今、歯止めがかからない状態に陥っている。

ニューオーリンズ、シカゴ、フィラデルフィアなどの大都市では、一等地に近い数多くの学校が、何らかの理由をつけて廃校に追いやられるパターンが見られる。前出の『ショック・ドクトリン』の著者であり、カナダ人ジャーナリストのナオミ・クラインは、教育改革というのは単なる建前で、これらは実際には都市開発計画の一環であると指摘している。

二〇一三年四月には、ニューヨーク州が実施する学力テストの問題に、会社名やブランド名がコマーシャルのように埋め込まれていたことが発覚した。年末にはフィラデルフィアで、大規模な教育予算削減の穴埋めとして、市内の公立学校の壁面を民間広告に使うという信じられない法案が可決された(14)(写真)。同市では二〇〇四年、実現こそしなかったものの、市内の高校の命名権を売りに出す法案が検討されたという。

仕切りの中で勉強する子どもたち.
(出典＝Labor Notes のウェブサイト，2013 年 12 月．http://www.labornotes.org/blogs/2013/12/charters-get-kids-cubicle-ready)

今日、アメリカの公教育は、テスト、補助教材、データシステム、チャータースクールなど、教育のあらゆる面において民営化が進み、いつしか一兆円規模の巨大なビジネスの土壌と化してしまった。教育政策は教育産業の意向で動くようになり、もはや「企業の企業による企業のための教育改革」と言った方が正しい(詳細は第2章)。

教育という人間の営みをコンピュータで代用

この流れが続けば、学校は一体どうなってしまうのだろう。それを示唆する一つのモデルがある。二〇一三年一二月、「Labor Notes」というオンラインジャーナルに、「チャーターが子どもたちをキュービクル仕様に」という記事が掲載された(写真)。添えられた写真は一見、だだっ広い部屋に何列にも並んだキュービクル（オフィスなどでよく見られる個別に仕切られた空間）で、ヘッドホンをつけたテレホンオペレーターたちが、それぞれコンピュータに向かうコールセンターのように見える。違いは、キュービクルの仕切りが何色ものクレヨンのようにカラフルなことと、座っているのが大人ではなく小学生であることだ。

この写真が映すのは、「ロケットシップ・エデュケーション」という現在急成長中のチャータースクールだ。生徒たちはグループ学習の他に、毎日二時間コンピュータに向かい、プログラムされた「個別指導」を受ける。

学校側は正規教員を減らし、時給一五ドル（約一五〇〇円）の無免許のインストラクターが、一度に最大一三〇人の生徒をモニターすることによって、一年間で約五〇万ドルを節約できるという。[15]教員の半分は教員経験二年未満、七五％は、たった五週間のトレーニングで非正規教員免許を得られるプログラム「ティーチ・フォー・アメリカ」出身だ。

拠点はカリフォルニア州シリコンバレーで、理事やアドバイザーには新自由主義教育改革の強力な支持者であるゲイツ、ウォルトン、ブロードの各財団が並び、フェイスブックやスカイプなど数多くのIT企業が後援にまわっている。ウィスコンシン州とテネシー州にも分校を持ち、今後は全国展開し、二〇一七年までに合計二万五〇〇〇人の生徒を確保する計画だ。

この学校は、さまざまな意味で今日の新自由主義教育を象徴している。「効率性」を追求する中、プロの教員が削減される代わりにテクノロジーが導入され、低賃金で働く即席教員やマネジャーが一度に大人数の生徒をモニターする。そしてこのようなチャータースクールがフランチャイズとして全国的に拡大する中で、従来の公立学校が必要とする予算を奪い、廃校に追いやっていくのだ。ちなみに、この学校を熱心に支援するシリコンバレーの社長たちは、自分たちの子息に限っては、生徒をコンピュータには触れさせない方針のシュタイナー学園に送っているそうだ。

注目すべきは、ロケットシップが、実際にアメリカで「成功」と見なされているということだ。これは、新自由主義教育改革を通して、教育という人間の営みが、単純でつまらないものになってしまったことを表している。教員免許などいらない。ほとんど教えた経験がない人間でも〝立派に〟教えられる。もっと言えば、コンピュータでも教員の代わりは務まる……。それが今のアメリカの庶民のための「教育」となってしまっている。

市場への奉仕が目的に

アメリカにおける新自由主義教育改革の礎を築いたのは、先にも述べた一九八三年の報告書「危機に立つ国家」だと言われている。同レポートは、アメリカの学生の学力低下と教育の質の低さを劇的に描写し、それがもたらすであろう世界市場における国家失墜の危機を訴えた。これにより、「生徒の学力」＝「国の世界市場における競争力」とされ、「将来の労働力を育てるための教育」という一つの支配的な価値観が生まれた。そしてそれは、人間の教育の経済的アジェンダへの服従に他ならなかった。

二〇〇一年、ジョージ・W・ブッシュ政権が制定した「落ちこぼれ防止法」は、学力基準に到達しない学校への制裁を義務づけた。スタンダード（標準）とアカウンタビリティ（結果責任）の名の下に、テストによる教育の徹底管理を全国規模で展開し、学力標準テストの点数のみを「学力」とする認識を、アメリカ国民に植え付けた。

そして、この新自由主義的学力観は、ブッシュ政権の教育改革路線を引き継ぎ、多くの支持者らの期待を裏切ったオバマ大統領の発言にも明確に表れている。「我々にできる最も大事なことは、我々の子どもたちがこの新しい(グローバル)経済に対応できるようにすることだ。それ以上に大事なことはない!」(二〇一一年九月二三日、ホワイトハウスでの演説)。

落ちこぼれ防止法が推進する学力標準テストとアカウンタビリティの弊害は、テスト対策のため、国・数・理の三教科のみ教えるような、学校カリキュラムのスリム化としても表れてきている。二〇一〇年に出版した *Teaching by Numbers* という本で数々の賞を受賞したアメリカの教育学者、ピーター・タウブマンは、オバマ政権の新自由主義教育改革に関してこう指摘した。

> 貧しい者や社会から疎外されている人々を助けると称して、これらの改革(中略)は、教えるという行為を単なるテスト対策に変えてしまい、美術、外国語、社会などの教科を疎外した。教えを行動的テクニックへ、評価を標準化された到達度と試験へ、そして学びを数値化できる成果へと簡略化することにより、それらは教師を自動化またはアウトソーシング可能な伝達システムに、生徒を数値データへと変えてしまった。(16)

「小さく強大な政府」というパラドックスの仕組み

新自由主義国家の在り方は、よく「小さな政府」という言葉で説明されるが、私はこの表現は適切でないと考えている。なぜならば、政府の存在感は決して小さくなく、それどころかアメリカでは公共事業の大胆な民営化によって縮小しているはずの政府の権力は、逆に強化されているというパラドックスが生じているからだ。

そこに見られるのは、さまざまな手法による権力の集中と、巨大な監視のシステムだ。大規模な公教育改革が、なぜそこまで急激に、しかも徹底的に「小さな政府」によって成し遂げられるのだろうか。その仕組みに迫ってみたい。

新自由主義社会において顕著に見られる現象の一つに、地方教育行政権の回収による、首長の権限の強化がある。これは、教育委員会を廃止して、教育を市長の管理下に置く首長統制という形で露骨に現れ、ニューヨーク、シカゴ、ワシントンDCなどの大都市に多く見られる。また、州政府による市の公立学校区の教育行政権乗っ取りの例[17]もある。大阪市教育行政基本条例や、安倍政権の教育改革論議の中心にある教育委員会制度改革の構想も同じ流れにある。

このような地方教育行政権の回収や教育委員会の形骸化は、教育行政における権力に対する民主的なチェックを撤廃し、教育委員、校長、教員への統制を強化することで、首長の一存による急激かつ大胆な改革を可能にする。それは同時に、教育における政治的中立性の崩壊を意味している。

権力集中のもう一つの手法は、教育政策における積極的な市場原理の導入による、民主的プロセスの排除だ。これは、全米に広がる市場型の学校選択制を見るとわかりやすい。貧困や人種差別による教育機会の不平等といった社会の根深い問題の解決を、民主的な討議の場における熟議ではなく、安易にも競争による自動的な淘汰に委ねたのだ(詳細は第3章)。

教育学者のゲルト・ビースタは、市場型学校選択制に欠かせないアカウンタビリティに注目し、次のように指摘する。アカウンタビリティの導入によって、国家と市民の「政治的関係」は、公共サービス提供者とその消費者の「経済的関係」へと変容する。そうなれば国民は、教育の目的や教科書の内容など、教育の根本的な事柄を決定する議論への参加資格を失うことになる。⑱

財政危機に乗じた「競争」で公教育の民営化を加速

二〇〇八年のリーマン・ショック後、オバマ政権は各州の財政危機に乗じて、「頂点への競争資金」と名付けた、四三・五億ドルの連邦政府助成金獲得競争を展開した。その参加資格として、いくつかの厳しい条件を満たすよう求めることで、全米の教育行政を一斉操作することに成功した。

主な参加条件は、次の五つだ。①全米共通学力基準の適用、②生徒のテストの点数を蓄積し、長期的分析を可能にするデータシステムの作成、③底辺校を容赦なく閉校して新しいチャータースクールをつくる、あるいは教員の総入れ替えをするなどの低迷する学校に対する大胆な再建手法を意味する「ターンアラウンドモデル」の採用、④学校、校長、教員の評価と生き残りを、生徒のテストの点数と結びつける制度の導入、⑤州が定めるチャータースクールの設置数の上限撤廃だ。

特に⑤は、公教育システムへの際限ない公設民営学校の導入を可能にしたため、実質的に国が市場型学校選択制を推進する形となり、公教育の民営化を加速させるという悪質なものだった。

重要なのは、チャータースクール推進の狙いの一つが、教員組合の弾圧にあることだ。教育におけるさまざまな規制緩和や民営化に反対する組合は、新自由主義的な教育改革を推進する者にとっては邪魔な存在なのだ。

その仕組みは次のようになっている。まず、公立学校の廃校によって、教員の一斉「解雇」が可能になる。正確には解雇するのではなく、廃校により、そこに勤めていた教員たちの職がなくなる。一方、公立学校を廃校に追いやるチャータースクールは、規制緩和により、教員免許を持っていない者を教師として雇うことが許されている。そのため、組合に守られた給料の高い教員は好まれず、代わりに、教員免許を持たず、組合にも属さない若者が安く雇われる傾向が強い。

ノーベル賞受賞経済学者のポール・クルーグマンは、労働組合の重要性を次のように指摘している。

> 形のうえでは、私たちは一人一票の国だが、現実は一握りの裕福な人間が支配する少数独裁制と大して変わりはない。この現実からすれば、ビッグマネーの力に対抗できる機関を持つことが大切になってくる。そして労働組合は、それらの機関の中でも最も重要なものの一つだ[19]。

監視国家の教育統制と民主主義の危機

そして、新自由主義国家の小さな政府の隅々にまで行き渡る統制力は、その監視のシステムなしには語れない。アメリカ新自由主義の監視能力の凄まじさは、国家安全保障局が、国内のあらゆる電話や電子メールの内容だけでなく、ドイツのメルケル首相、ブラジルのルセフ大統領、潘基文《パンギムン》国連事務総長の個人的な会話やデータをも収集していたことに象徴される。

一見、教育とは関係ないように見えるが、このような監視体制はすでに教育の現場でも確立されている。落ちこぼれ防止法は、テストの点数にもとづく、国による教育の徹底管理の始まりである。全米共通学力基準は、州ごとの学力基準を統一し、監視体制の強化につながった。

今では生徒のテストの点数が、当事者である生徒の進級や卒業だけでなく、担当の教員、校長、そして学校の評価までをも左右する。また、ロサンジェルスやニューヨークで行われたように、教員ランキングが新聞で発表される試みまである。前述の教育学者、ピーター・タウブマンは、テストが「個人にショックを与え、問い詰め、辱め、そして数字に変換することによって、教師によるティーチングを周囲の環境から切り離して抽象化する」と指摘する。

このような教えと学びの「数値化と抽象化」が、小さな政府による国中隅々に行き渡る遠隔操作を可能にするのだ。その点で、安倍政権が全国学力テストを抽出式から全生徒参加の悉皆式に戻したことには非常に大きな意味があり、政府による統制を強化しようとする意図が汲み取れる。

フランスの哲学者、ミシェル・フーコーは、一九七〇年代からすでに新自由主義の危険性に警鐘を鳴らしていた[20]。しかしフーコーにとっての真の問いは、民主主義とは相反する権力の集中や監視国家の構築など、新自由主義によるこれほどまでの社会変革を、なぜ私たちが許容するに至ったかにある。彼は次のように指摘している。

新自由主義は、人間を、経済的合理性を行動の基準とする「起業家」と位置づけた。そして、社会のあらゆる活動を経済的に分析する、まったく新しい価値観を提供した。その結果、教育までもが個人に対する付加価値的な投資とされ、教育市場における商品として再定義された。

さらには、私たち自身が知らず知らずに、それらの再定義された概念やデータにもとづく監視の「眼差し」を内在化し、自分たちの行動を制御し競い合うことによって、いつしか新自由主義の歯車となり、その支配を支えるようになってしまった。

フーコーの理論は、そうやって私たちの心の奥底まで浸透する「小さく、強大な政府」の統治力に光を当て、批判的な眼差しを自身の内面に向けるように促している。

私たち一人ひとりが、今、常識とされる社会的な価値観に疑問を投げかけ、それぞれが理想とする「公教育」と「民主主義」のビジョンを持って一堂に集う時、新自由主義に対する真のレジスタンスが始まるのではないだろうか。

第2章

企業の企業による企業のための教育改革

学力テストを用いたプロダクト・プレイスメントが発覚(本文)した後，大手教育出版社ピアソンのキャッチフレーズである「ピアソンはいつも学んでいる」を，「ピアソンはいつも金稼ぎをしている」に変えたロゴが世間に出回った．匿名デザイナーによる作成．

二〇一三年四月一九日、ニューヨーク州アルバニー。

ニューヨーク州教育庁は、大幅な教育予算削減への対応策として、何億もの資金を生み出す可能性を持った公立学校の新たなプログラムを発表した。〔中略〕ニューヨーク州教育庁舎で金曜日に行われた記者会見で、教育長官のジョン・キング博士は満面の笑みで説明した。「多くの学区が貧窮する中、ニューヨーク州では映画業界にならい、州や地区の学力テストを用いて企業が年間を通して宣伝活動を行えるよう許可することにしました」。キング教育長官の説明によれば、ハリウッド映画の仕組みと同じように、企業は会社名及び商品名をテストの中において演出する権利を買えるようになるという。①

こんな記事がネット上を駆け巡った。「アメリカの公教育の民営化はここまで進んでいるのか」とあなたは驚いただろうか。それとも、「どうせデマだろ」と見抜いただろうか。だが、実はこれ、単なるデマではない。脚色してあるものの、ある事実にもとづいた巧妙なデマだからだ。

その前日、ワシントンポスト、②ニューヨークポスト③等の新聞社が、ニューヨーク州統一学力テストの八年生(日本の中学二年生に相当)の英語の試験で、IBM、LEGO、MUGルートビアなど、少なくとも六社程の会社名、またはブランド名が不必要にテスト問題に盛り込まれていたというニュースを報じた。州教育庁は、テストの傾向対策を防ぐという理由で、これらのテスト問題の公表を拒否しているが、取材を受けた生徒たちによると、それら固有名詞にはトレードマークが付いていただけでなく、欄外には、「MUGルートビアはルートビアの大手ブランドです」など、商品の説明文までご丁寧に添えられていたという。しかも、それが特定の商品である必要はまったくなかった、と生徒らは付け加えた。

テストを作成したピアソン・エデュケーションは、これは州が新たに取り入れた全米共通学力基準に対応した初めてのテストで、日常的に使われる文章を分析する能力をテストするため、ブランド名などが出てくることは避けられないと釈明した。

これは、現在のアメリカの教育事情に通じている人であれば、特に驚くニュースでもない。加速するアメリカの公教育の民営化を象徴する出来事であり、十分にあり得ることだからだ。テレビドラマや映画の中で、役者に特定の商品を使用させる広告手法を「プロダクト・プレイスメント」という。ピアソンによるテストを用いたプロダクト・プレイスメントが意図的な営業行為だったかどうかは気になるところだが、今回名前が出た企業はテスト作成には関わっておらず、ピアソンも州教育庁も、宣伝に関する企業からの報酬は一切受けていないと主張する。

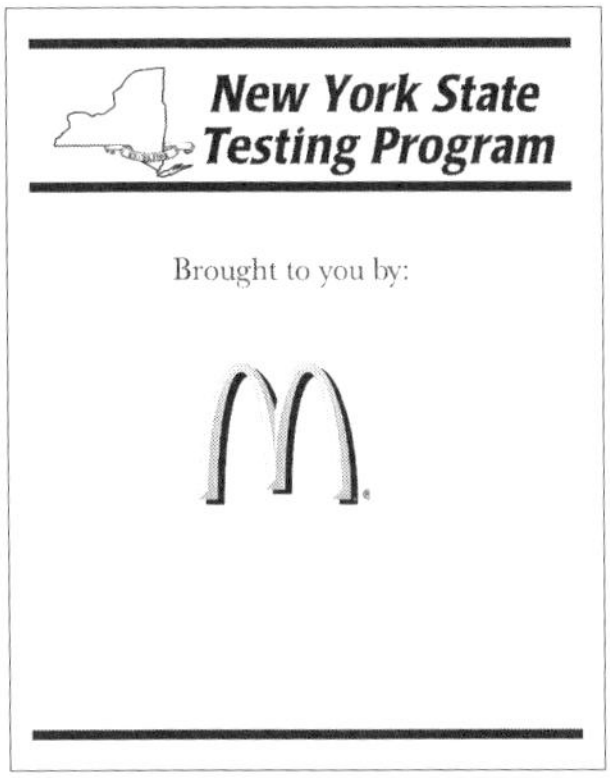

「このテストはマクドナルドの提供でお届け致します」．学力テストを用いたプロダクト・プレイスメント発覚後，このような風刺画も世間に出回った．
（出典＝Students Last, 2013 年 4 月 21 日．http://studentslast.blogspot.com/2013/04/this-test-brought-to-you-by.html）

真相は不明だが、公教育の学力テストが企業の営業活動の豊かな土壌となる可能性を提示できただけでも、ピアソンにとっては十分に価値があったのかもしれない。ちなみに、ピアソンがこのテストで自社教材から問題を出題したことも、ピアソン教材を採用している自治体に有利に働いたと問題になった。(4)

ピアソン帝国

ピアソンとは、その傘下にアドビ、ペンギン・ランダムハウス、ロングマンなどの名だたる会社を抱え、七〇カ国以上で販売を展開する世界最大の出版会社でもある。(5) 二〇一一年には九四億ドルの売り上げを記録し、二〇一二年三月の時点で、ピアソン社の市場価値は一五六億ドルだった。(6) 近年は英米公教育の民営化の一翼を担い、教育産業において飛躍的に売り上げを伸ばしてきた。

ピアソン・エデュケーションとは、イギリスを拠点とする出版・メディア・教育という三本の柱を持つ多国籍複合企業ピアソンの北米支部であり、世界最大手の教育出版社だ。(7) さまざまなテストの作成・運営も行っており、全米学力調査（NAEP）、各種大学進学適性試験（SATやMiller Analogy Testなど）の全米規模のテスト運営の他、全米二五の州と学力テスト全般を担当する契約を結んでいる。(8) 契約の規模も大きく、ニューヨーク州とは五年間で三二〇〇万ドル、テキサス州とは五年間で五億ドルという超大型契約を結んできた。

しかし近年、公教育において暴利を得ているピアソンの経営体制が問題視されている。例えばニューヨーク州では、ピアソンによる模擬試験の過剰な実施がここ四年ほど問題になっている。今後どの州で使われるかもしれない試験問題のために、親の許可なしに生徒たちが何十時間も実験台となり、州から支払われる七〇〇万ドルの三〇%もが模擬試験、つまりピアソンの商品開発に充てられているのだ。

コーポラトクラシーと教育

二〇〇八年、アメリカの著名な教育学者、クリスティン・スリーターが「コーポラトクラシー時代の民主主義の教え[9]」という興味深い論文を発表した。コーポラトクラシー[10]とは、企業の企業による企業のための国家統治の在り方で、「新自由主義の政治的な現れ」だ。現在のアメリカは、もはや民主主義(デモクラシー)ではなく、このコーポラトクラシーによって統治されているという。

その新しい統治の在り方の特徴として、人権よりも所有権の優越性を認めること、大企業・政府・大手銀行という三大機関の繋がりが中心にあること、それらを循環する一部のパワーエリートによる少数独裁政治であり民主主義に対するアンチテーゼであること、パワーエリートと一部企業の権利を守ることがその最大の目的であることなどが挙げられる。そして、我々は気づかないうちに、「コーポラトクラシーを進歩と見るように訓練され、正義や、自由、権利、民主主義などの概念をも、コーポラトクラシーの輪郭の中で形作っているのだ[11]」。

そして、この新しい統治の在り方は、経済に必要とされる知識とスキルの重点化、それに伴う批判的思考の排除、それら教育コンテンツのコード化と標準化という形で教育にも反映される。その結果、商品化された教育は、公共財ではなく私的財と考えられるようになり、同時に教育の民営化が促進されることによって教育産業に暴利がもたらされることになる。そして、これこそ今日アメリカの教育界で起こっている現象そのものだ。

金・政治・教育の繋がり

実際、コーポラトクラシーという観点から分析すると、アメリカの「教育改革」のまったく別の顔が見えてくる。再び、ピアソンという教育最大手の企業を例にとってみよう。ピアソンが北米で急激に実績を伸ばした裏には、政治家の天下りルートの確立と、同系列のピアソン財団を経由した現職の政治家らに対する精力的なロビー活動がある。ピアソン歴代のロビイストのリストには、元米国連邦政府下院議長、ジョージ・W・ブッシュ大統領の下で「落ちこぼれ防止法」の構築を担った連邦政府教育庁の高官[12]、元連邦政府下院教育委員長[13]などの大物が並ぶ他、ピアソンの現広報部の副部長は、前連邦政府教育庁の広報秘書だ[14]。ピアソン財団は、二〇一〇年から二〇一三年五月までに、実に三二〇万ドルをロビー活動につぎ込み[15]、落ちこぼれ防止法の成立とその更新、オバマ政権の教育政策の目玉である「頂点への競争資金」などを推進し[16]、一見、各州の要望でできた取り組みのように見える全米共通学力基準でさえも、実際にはピアソン財団が事前にさまざまな州の教育長らを豪華海外視察に無料招待しており、ピアソンが自らの財団を通して全米共通学力基準の採用を売り込んだ疑いを『ニューヨークタイムス』がスクープしている[17]。

このように、ピアソン財団がロビー活動をすればするほど、自社が提供するテスト、教材、データシステム等の需要が増え、結果的に莫大な税金が同社に流れ込むという現象が起こっているのだ。

テストが悪いのかどうかという議論は別にしても、一つ言えるのは、今日のアメリカの公教育政策を陰で動かしているのは、ピアソンのような一部の企業であり、その目的は子どものためでも国のためでもなく、いかなる国家にも忠誠を持たない多国籍企業の利益のためだということだ。

そのピアソンが、二〇一五年からOECDが運営する国際学習到達度調査（PISA）のマネージメントに参入した。企業の企業による企業のための教育「改革」をリードしてきたピアソンと、人間の教育を経済的アジェンダに服従させる新自由主義的教育価値観を世界に広めてきたOECDとのこの組み合わせには、世界規模の危機の予感さえする。ピアソンは、さらに国際的な競争を煽り、「PISA型学力」に合わせた教材、カリキュラム、模擬試験、データシステム等の開発を展開するだろう。

アメリカの悪しき流れが日本に来るかどうかは、日本がいかに腰を据えてPISAに対応するかにかかっている（詳しくは第5章を参照）。PISAの結果一つに踊らされている限りは、新自由主義の偏った社会的・教育的価値観からは脱却できないだろう。真に教育を変えるのは、政策による小手先だけの改革ではなく、社会全体を取り巻く新しい社会的・教育的価値観の創造なのではないだろうか。

米国での失墜と新たな野望

新自由主義教育改革の一翼を担ってきたピアソンに対して、アメリカでは近年批判の声が高まっている。二〇一四年度の売り上げ全八〇億ドル（約八〇〇〇億円）の半分以上の収入源であった北米では、テストに関するさまざまな不備[18]や、テスト至上主義に反対する親たちの運動（第10章）によって、フロリダ、テキサス、ニューヨークなど多くの州と交わしていた大型の契約を失った。[19] それに伴い、二〇一六年三月の時点でのピアソンの株価は、二〇〇日間で四一・三％という急落を記録している。[20]

しかし、アメリカのマーケットシェアが縮小する反面、ピアソンは世界に目を向けている。アフリカやアジアの発展途上国を皮切りに、第1章で紹介したロケットシップ・エデュケーションのように、若くて経験の浅い安価で雇える教師とインターネットによる情報技術を組み合わせる手法でコストを徹底的に抑えた営利目的の私立学校のフランチャイズを展開し、世界規模の公教育民営化事業を展望しているのだ。発展途上国は西欧諸国と比べ、生徒の人口が桁違いに大きい。だからピアソンが経営する学校では、一人ひとりの単価は安くても合計すれば莫大な利益を出すことができるのだ。

例えば、フィリピンでピアソンが地元の企業と共同経営する私立校では、一カ月の学費はたった二ドルで、それはスマートフォンの月額使用料に匹敵するという。生徒は瞬く間に増え、二〇一六年には国内に二四校、三三〇〇人の生徒数にまで規模を拡大した。二〇一七年には五七〇〇人の生徒を追加し、世界的には二〇二〇年までに一〇〇万人まで生徒数を増やす予定だ[21]（写真）。

また、一四年にわたる内戦そして二〇一四年のエボラ出血熱集団発生で壊滅状態にあるアフリカの小国リベリアでは、ブリッジ・インターナショナル・アカデミーズ[22]という米国の営利企業に、義務教育のすべてをアウトソーシングするという驚くべき計画が進行中だ。この会社は、他にもウガンダとケニアで低コストの私立学校フランチャイズを展開している。

しかし、このピアソンの新事業を取材したアニャ・カメネツは次のように書いている。「教育民営化研究イニシアチブ(Privatization in Education Research Initiative)によれば学校が無料でない場合、貧しい生徒は労働と通学を交互にせざるを得なくなり、女子より男子の教育が優先されるようになる。また、国連の子どもの権利委員会を含む多くの人権団体の公式な見解は、いくら安くても(公教育において)教育費を課すことは最もニーズの高い人々を排除し、社会の格差を拡大するというものだ」。また、このモデルが拡大すれば「教職というものが、ほとんどトレーニングを必要としない、給料の安い、一過性の職業になってしまう」と批判している。記事は、投資信託会社GSVアドバイザーズによる、世界の国々が教育にかけている総費用は年間五・五兆ドル(約五五〇兆円)で、その額が毎年確実に増えているという指摘に注目し、次の言葉で締めくくられている。「三六万人の子どもたちを対象とするピアソンの一大実験は続く。五・五兆ドルの金塊を毎日少しずつ削り取りながら」。今後もピアソンの動向に注目が必要だ。

ピアソンが現地企業と共同経営するフィリピンのAPEC School.
(出典:http://www.wired.com/2016/04/apec-schools/)

第3章

市場型学校選択制と失われゆく「公」教育

学校に設置してある保護者会用の郵便受けには，このような資金調達(ファンドレイジング)用のカタログが業者から山のように送られてくる．学校の予算不足は保護者会が補うものという考え方が，当然のように定着している．撮影＝筆者．

二〇〇五年のハリケーン・カトリーナ後、当時のジョージ・W・ブッシュ政権は、未曽有の災害によって完全に麻痺状態にあったニューオーリンズを、アメリカ史上最大のチャータースクール（公設民営学校）計画の実験地として利用した。(1) 貴重な税金は、壊滅的なダメージを受けたニューオーリンズ市の約八〇％の公立学校の修復のためではなく、公設民間運営校であるチャータースクールの乱立に注ぎ込まれた。学区制は廃止され、被害を免れた一部の公立学校、非営利団体、そして営利目的の教育企業が、生存を懸けて優秀な生徒を奪い合う一大教育市場がそこに誕生した。

その結果、学校は階層化された進学塾のようになり、学校選択制の名の下に公教育における教育格差が正当化された。このような教育の機会均等の崩壊により、誰にでも開かれた伝統的な公立学校の概念は過去のものとなった。教育学者のクリステン・ビュラスは、カトリーナ後のニューオーリンズの公教育破壊を取り上げた論文でこう指摘している。「本当に危機に瀕しているのは教育における真の「パブリック（公）」という概念そのものだ……」(2)。

前章で検証した公教育の民営化の道筋をつくったのは公教育の規制緩和政策であり、その象徴が第1章でも触れた「市場型」学校選択制だ。本章ではそれをテーマとして公教育の市場化の側面に光を当てたい。

学校選択制そのものは、日本においても特に新しい政策ではなく、一九九〇年代後半から、政府により積極的に推進されてきた。しかし、第二次安倍政権の新自由主義的教育路線を考慮すると、今、アメリカの市場型学校選択制と教育格差の問題を考えることには大きな意味があるのではないかと思う。それは、経済的搾取の強化、税制や社会福祉を通じた政府による富の再分配制度の貧弱化、大衆課税の強化によって急速に進行する日本の格差社会化、さらにはグローバル市場を意識した「競争力人材の育成部門には集中的に公的資金を投資し、競争力強化につながりそうにない子ども・若者のための公教育はスリム化していく」という「選択と集中[3]」により、教育格差を積極的に拡大しようとしているからだ。

憲法が教育を受ける権利を保障しない国

「人間は生まれながらにしてみな平等である」というのは、言わずと知れた、アメリカ独立宣言の言葉だ。「はじめに」で書いたように、そんな自由と平等の国であるはずのアメリカの憲法が、教育を受ける権利を国民の基本的人権として保障していないという事実に驚いた人は少なくないのではないだろうか。日本でベストセラーとなった堤未果の『貧困大国アメリカ』(二〇〇八)が描く驚くべき教育格差がなぜアメリカで許容されるのか、その理由はここにある。教育を受けるという、ごく一般的な基本的人権を国として保障しないのだから、国連子どもの権利条約を批准していないのも無理はない。

一九七三年、テキサス州サンアントニオで、州の教育予算制度が引き起こす教育機会の不平等を問う訴訟(ロドリゲス裁判)[4]があった。アメリカのほとんどの地域では、州から給付される最低限の予算に加え、土地にかかる固定資産税が教育予算の主要な財源となっている。よって、地価が高ければ高いほど、その地域の教育予算は増え、教育設備等が充実する反面、貧しい地域ではチョークやトイレットペーパー等の必要最低限の消耗品さえままならず、教科書も全生徒分購入できないため、学校保管にて授業時のみ貸し出しといった極端な格差が生じることになる。⑤

しかし、アメリカ連邦最高裁はテキサス州の教育予算制度は違憲ではないとの判決を下した。国の憲法では教育を受ける権利は基本的人権として認められておらず、教育はあくまでも州の裁量（ローカル・コントロール）に任されているため、最高裁が州の教育予算制度を綿密に調査することはできないというのがその主な根拠だった。結果的に、最高裁が、富の再分配による教育格差の解消に踏み込むことを拒否した形となった。⑥

最新のアメリカ国勢調査局の報告書によれば、世界史上最も裕福であるにもかかわらず、実に二二％に近い子どもたちが、連邦政府の設定した貧困ライン以下の生活をしており、⑦二二〇〇万人の子どもたちが、連邦政府の補助的栄養支援プログラムを受けている。⑧そして、この貧困が教育格差として顕著に表れていることは、ＯＥＣＤのＰＩＳＡの分析からも明らかだ。貧困のため、無料・割引給食を受ける子どもが全生徒数の一〇％未満という裕福な地域だけに焦点を当ててみると、実はアメリカはＯＥＣＤ先進国中、全教科で単独トップにランクされる。その割合が一〇～二五％の地域をとってみても、アメリカは韓国、フィンランドに続く三位に入る。逆に、七五％以上の割合で生徒が貧困層に入る地域だけにフォーカスすると、アメリカは一気に三四カ国中、三二位まで落ちる。⑨

「危機に立つ国家」と新自由主義教育改革

第1章で触れた「危機に立つ国家」(レーガン政権下のアメリカ教育省長官の諮問機関が発表した報告書)は、アメリカの新自由主義教育改革の始まりと言われているが、その公表はロドリゲス裁判のちょうど一〇年後、一九八三年のことだった。教育水準の全国的な低下と、それに伴うグローバル経済下での国家の衰退を劇的に描いたその内容の妥当性は教育学者らから強く批判されているもの[10]の、国レベルでの議論と民主的なプロセスを経て、教育の機会均等に取り組む絶好の機会をつくった。しかし、新自由主義の「小さな政府」と能力主義、そして自己責任のイデオロギーの下、アメリカは貧困や人種差別などの社会の根深い問題と正面から向き合い、民主的なプロセスを通して、十分な教育を受けられる権利をすべての国民の基本的人権として保障するという困難な道ではなく、教育という極めて人間的で複雑な営みを市場原理に委ねるという安易で実験的な逃げ道を選んだ。

教育予算が豊富にあり質の高い学校がすでに存在する裕福な郊外では、学校の選択肢を増やすことも市場化によって公教育を活性化する必要もない。主に都市部の貧しい地域の公教育のみを市場化するのだ[11]。その意味で、市場型学校選択制は、富の再分配による貧困解消の実現を目指す政治的意思の欠如によって支えられていると言ってよいだろう。

市場型学校選択制の種類と主張されるメリット

学校選択制にもさまざまな種類がある。完全な学区制廃止、指定された学区内での制限された選択制、チャータースクール制、バウチャー制(税金で子どもたちが私立校へ通えるよう支援する制度)、マグネットスクール制（ドーナツ化現象を起こした都市中心部に特色ある公立学校をつくることにより、人種や階級の融合を図るために考案された制度）、そしてこれらの組み合わせなどだ。

推進派は、市場型学校選択制には多くのメリットがあると主張する。生徒獲得をめぐって学校間に競争が生まれ、その結果として学校にかかる市場のプレッシャーがイノベーション、パフォーマンスの向上、消費者のニーズに対する敏感な反応を生み出す、地元の学校に縛られることなく他地域の良質な学校に通えるチャンスが与えられる、保護者の学校教育に対する関心と主体性が向上する、学校間に多様性が生まれるなどがその例だ。

しかし、教育における平等問題の世界的な権威でもあるジェフ・ウィッティー博士は、これらの主張されるメリットと、複数の国における公教育市場化のデータが語る現実とのギャップをもとに、構造的な不平等を放置する社会体制では、推進側の主張は現在も将来的にも現実味を持たないと指摘している⑫。

私は、学校を選べることが悪いことだとは思っていない。公共財としての市民教育の認識に立ち、教育の機会均等に努め、民主主義社会における多様性と人間の教育の豊かさを尊重し、協調と奉仕の精神に則った選択制ならありだと思う。しかし、それとは反対に、全米に広がる競争原理を軸にした市場型学校選択制は、教育を私有財として商品化し、学力テストの点数という極端に狭い価値観に閉じ込めることによって公教育における学校の序列化と教育格差の正当化を図る、競争による淘汰の精神に則った制度だ。

ニューヨークの学校選択制

現在私が住むニューヨーク市でも学校選択制が実施されている。八歳と六歳の娘たちが地元の公立学校に通っており、私自身もその学校の保護者会会長（二〇一五〜二〇一六）およびスクール・リーダーシップ・チーム（各学校で保護者五人、教員と管理職五人の計一〇人で構成される）の一員として、ニューヨーク市の学校選択制を間近で見ている。

ニューヨーク市の学校選択制は、決められた学区内の限定されたものであり、原則として優先的に入学できる地元指定校とチャータースクールを含め、最大二〇校まで選択できる。また、すでに所属する学校の中で進学する者（同じ学校の幼稚部から小学部など）、学校説明会に参加した者などにも優先権が認められる。そして、アメリカの多くの都市と同様に、ニューヨーク市ではすべての学校を州統一テストの点数にもとづく「学力」という極めて狭い基準で評価し[13]、各学校および家庭に、限られた資源を求めて排他的な競争を強いる、市場型学校選択制を採用している。

学校の序列化と「選択」という幻想

学校選択制は、英語では「スクール・チョイス（school choice）」と呼ばれるが、それは幻想に過ぎない。市場型学校選択制が市民に保障するのは「チョイス（選択肢）」ではなく、単なる「チャンス（運）」だ。そして実際には、このチャンスさえも平等には保障されない。

市場型学校選択制は、本章冒頭のビュラスの指摘のように、幾つもの側面から従来の公教育における「パブリック（公）」の概念を浸食する。まず、画一的な評価の下で選択制を行うことにより、学校の多様化ではなく序列化が起こり、教育の機会均等が崩壊することだ。これは、同じ公立学校なのに「あたり」と「はずれ」が生じることを許容することに他ならない。

市場型学校選択制推進派の最も重要な想定は、地域や家庭間のさまざまな環境の違いが生む格差に関係なく、各学校にも各家庭にも平等な競争が保障されるということだ。しかし、前述のように、アメリカでは良質な学校はたいてい裕福な地域に集中しているため、そのような地域の家庭は子どもを良い学校に送れる確率が高く、区域ごとの学校選択制は、彼らにとってはセーフティーネットとなる。逆に、貧しい地域に住む者は、学区内に良質な学校が少ないため、高い競争率を覚悟で人気の学校の抽選に懸けるか、学区の関係ないチャータースクールに応募するしかない。

このような地域の差は階級の差であり、アメリカでは人種の差となって露骨に表れる。現に、ニューヨーク市は全米で三番目に人種隔離の進んだ学校システムであり、比較的貧しい地域にある私の娘たちの学校も、黒人とヒスパニック系の生徒が学校の大半(八五%)を占め、アジア系も白人も各学年で一人いるかいないかだ(写真)。皮肉なことに、上位にランキングされている学校では、この人種の分布が逆転する。

平等な競争に関して言えば、確かにニューヨーク市では、チャータースクールへの入学は、法律により抽選のみの決定となっている。しかし、実際には、自分の学校を他と差別化するために少しでも能力の高い子、教育熱心な親を求めて熾烈な争奪戦が繰り広げられており、公教育の枠組みであるにもかかわらず、内密に生徒に入試を課していたケースが相次いで報道されている。⑭あるいは、点数の取れない生徒に自主退学を促していたケースも少なくない。⑮これにより、英語が母国語でない子ども、知的障がいを抱える子どもなどが抽選のリストから外され、点の悪い子どもが退学に追い込まれていた実態が露呈した。点の取れる生徒が欲しいのは従来の公立学校も同じなので、入学優先権や補欠人名簿の管理等により、入学希望者の差別化が行われ、多くの場合、これは格差の再生産を意味する。

親も必死だ。目当ての学校に子を通わせる友人を通して、そこの校長に紹介してもらったり、知人の教育者に校長宛の推薦状を書いてもらったり、あの手この手で自分の子を良い学校に入れようとする。子どもの入学一年前から親が人気の学校にボランティアに行き、抽選における優先権を獲得しようとする話も珍しくない。

さらには、最大二〇校まで入学希望を出せるニューヨーク市では、情報量も多く、システムを理解するだけでも、教養とコンピュータ・リテラシーが必要となる。複数校を見学するだけでも大変だから、共働きで時間が取れない低所得の家庭は必然的に不利となる。

筆者の次女の一年生のクラス．ハーレムにおける人種隔離の様子が顕著にわかる．撮影＝筆者．

結果的に、経済格差は教育格差と連動し、再生産される。オバマの成功話をアメリカに教育機会の均等があることの象徴と捉える意見[16]もあるが、これは間違っている。アメリカの極めて階層化された学校システムは、確かに「無限の可能性」を売りにするものの、それは「低い確率」という条件付きであり[17]、教育の機会均等からはほど遠い。皮肉にも、アメリカ社会の構造的不平等は、希少な成功話がアメリカン・ドリームと持て囃されることによって維持されるのだ。

公教育という名のカースト制度

ニューヨーク市は教育予算が固定資産税ベースではなく、生徒数に応じて公平に分配されており、より経済格差の表れにくい教育予算制度を採用しているという点で、アメリカにおける他の多くの学校区とは異なる。しかし、ニューヨークの現状を間近で見てみると、市場型学校選択制の下、絶対的な教育予算不足とそれを自ら補おうとする親の経済格差が、公教育の枠組みにおける二極化を支えていることがわかる。

二〇一二年、『ニューヨークタイムス』が、「一〇〇万ドルPTA[18]」と題した興味深い記事を掲載している。それによれば、ニューヨーク市のとある公立の小中一貫校では、二〇〇九年度だけで、保護者会や卒業生らが、日本円で優に一億円を超える寄付金を調達したという。そして、同レベルの金額を調達している公立学校は、他に幾つもあることがその記事から読み取れる。ユニークな寄付金調達の手法からも、それらの学校が裕福な地域にあることがわかる。ニューヨークでも有数のレストラン街にある学校では、地元レストランからセレブシェフたちを招いてお料理フェスティバルをしたり、多額の寄付をした家庭の子どもの名前を学校の講堂の座席に彫るなどという、日本ではちょっと考えられないようなものまである。そのようにして集められた寄付金は、立体的デジタル映写機、チェスセット、各教室に配備されるコンピュータやエアコン、自動洗浄型トイレ、泊まりがけの修学旅行などに使われるそうだ。

それとは対照的に、低所得者用の公共住宅に住む生徒が大半で、ホームレスの子も三〇人以上いる私の娘たちの学校には、体育も、美術も、音楽の先生もいない。貧しい地域の「低学力」の学校では、学校の存続を懸けてテスト対策に特化した教育が施されるため、多くの授業時間や予算やスタッフ等の資源がテスト準備に当てられ、美術、音楽、体育などのテストの対象ではない教科は省略されるのだ。そして、これは教員配置における不平等の再生産にも繋がる。貧困地区に多く見られるカリキュラムの締め付けのきつい学校からは優秀で想像力豊かな教師が去り、裕福な地区に多く見られるテストに固執しない学校にそれらの教師が集まるという悪循環が起きることになる[19]。

そういうわけで、私の長女（現在小学校三年生）は、現在の学校に通った過去四年間で一度もそれら「マイナー教科」を正式なカリキュラムとして習ったことがない。学校に割り当てられる予算では到底十分な教育を提供することはできず、かといってその予算の穴を埋めるために寄付金調達する財力も時間もネットワークも、貧困地域に住む親にはない。以前一度保護者会でマフィンなどを販売した時は、六時間かけて六〇ドルしか集まらなかった。

そんな状況だから生徒数は減り、それによりまた予算が削減され、学校の建物に「同居」する他の人気校（一つは全米にフランチャイズ展開する公設民営校＝チャータースクール、もう一つはコロンビア大学系列の中高一貫公立校）に教室や体育館や実験室も奪われるという悪循環が起きる。体育館へのアクセスがないために、他の学校の子どもたちが体育館で体育の授業を受ける中、娘の学校の子ども

ペーパータオル２本，ハンドソープ２本，木工用ボンド４本，ジップロックバッグ１箱，冷凍バッグ１箱，マーカー１セット，消しゴム２個，ティッシュ２箱．これらは私の長女が，年度初めに持参した消耗品だ．教育予算不足のしわ寄せは，こうして各家庭にまわってくる．

たちは机を片づけて教室の中でできる「体育活動」を行い、障がいをもつ生徒らは廊下でフィジカルセラピーを受けている。

そして、皮肉にも娘の学校の子どもたちが音楽の授業を受けられないでいる中、同居する学校からはジャズバンドの楽しそうな音が聞こえてくる。まるで同じ校舎の中でカースト制があるかのようだ。

また、ハーレムの隣にある裕福な地域の子どもたちはと言えば、テスト至上主義とは一線を画した全人教育を受けている。それらの学校では家庭環境に恵まれた子どもたちが多く、もともとテストの点数も高い。だから逆に親たちは少しでも豊かでのびのびとした教育を子どもたちに与えようと、予算の足りない分を寄付金で穴埋めする。さまざまな活動や遊びの中で学ぶことが重視され、美術や音楽や体育の先生もいれば、それ以外にバレエ専門の先生やフィットネスコーチがいる学校もある。中には学校の屋上にビニールハウスがあり、お抱えのシェフがそこで採れた有機野菜を調理してくれる学校もある。

その地域のとある小学校に子どもを通わせる私の友人によれば、子ども一人につきＰＴＡの年会費が七〇〇〇ドル（約七〇万円）要求されるという。確認しておくが、その学校も娘の学校と同じ、公立学校である。このような格差を肯定する政策が「公教育」の枠組みの中で実施されている現状を、私たちはどのように理解したらよいのだろうか。

「私の子ども」から「私たちの子どもたち」へ

今、アメリカでは民主主義の基盤であるはずの「公」教育の概念そのものが根底から崩れつつある。

元ニューヨーク市教育局局長の顧問弁護士のキャロル・ズィーグラーとナンシー・レダーマンは、一九九一年の論文で「教育改革における試練は、公教育の放棄にではなく改善に、学校教育と民主主義の関係の分離にではなくその強化にある[20]」と指摘する。同様に、教育政策を専門にするコロンビア大学ティーチャーズカレッジのジェフリー・ヘニッグ教授は、公教育における民主的な討議・決定の場と市場の置換について、民主主義そのものの崩壊の危険性を指摘する。「市場型選択制の提案の真の危険性は、公的資金によって一部の生徒たちが民間運営校に通うことを可能にすることではなく、社会全体に影響をもたらす決断を民主主義的に解決し得る民主的な討議の場を浸食することにある[21]」。先に紹介したジェフ・ウィッティーも、市場が私的な利害競争の場であることから、「政治的意思決定の責任を公的な空間から私的な空間へと移行させることは、すべての人々のための教育の質を改善するための集団的な活動を展開する機会の縮小に繋がり得る」と述べている[22]。

日本でも、地域および学校間の序列化と競争の激化による公教育の市場化が懸念される。その時、競争の中で人々は繋がりと教育における民主的介入の手段を失い、政権の教育ビジョンを受け入れる他なくなるのではないだろうか。

日本が憲法と教育基本法によって全国民の教育権を保障するのは、教育を公共財と見なすからだ。新自由主義の台頭により、社会のあらゆる側面がビジネスの支配下に置かれるこの時代、「消費者である私」ではなく「市民である私たち」、「私の子ども」ではなく「私たちの子どもたち」というビジョンを共有することで、教育を通して民主主義の再生に取り組む必要があるのではないだろうか。

第4章

発展途上国からの「教員輸入」と使い捨て教員

フィリピンから「輸入」されたオーロラ・バチョさん．2001年ボストンのハーバースクールにて．
（出典：『ボストン・グローブ』2013年6月12日．http://www.bostonglobe.com/editorials/2013/06/11/your-child-teacher-victim-human-trafficking/dQz2fYPwg6Xkgt1aV6HaiL/story.html）

「教員派遣」というビジネス

新自由主義の理想を追い求め、公教育に市場原理を徹底的に導入した場合、「教員」の存在とその仕事はどのように変化するだろうか。その行き着くところは、教職の非専門職化、さらには「使い捨て労働者化」ではないだろうか。

教員養成、教員免許、教員配置等のあらゆる過程において規制緩和が行われるため、従来の四年制大学の教育学部や教育大学院によってのみ担われていた教員養成システムが自由化され、民間非営利団体や営利目的の会社までもが参入する教員養成市場ができるだろう。同時に、教員免許制度も規制緩和され、教員と教育の多様化と市場活性化の名目で、非正規教員免許制度が設けられ、地域や学校の種類によっては免許がなくても教えられるようになることもあり得る。

実際に、アメリカではすでにこれらのことが現実になっている。まず、免許制度に関しては州によって法規は異なるものの、公設民営学校であるチャータースクールでは正規免許がなくても教壇に立つことができる。そのため、教員養成においては、従来の教育機関に加え、たった五週間の集中講座で非正規教員免許を発行する「ティーチ・フォー・アメリカ」などの「オルタナティブ」と呼ばれるプログラムが教員養成の市場を形成している。また、それらの非正規教員免許保持者が正規免許取得のために、教員の仕事をしながらティーチングのテクニックや技術を学ぶオンライン大学院まで登場した。

しかし、教育において市場原理を追求した結果、教員の存在とその職務の在り方を最も根本的に変えるのは、教員養成でも教員免許制度でもなく、教員配置の分野なのかもしれない。特に、教員派遣のビジネスは著しく活性化し、派遣会社は教員養成や教員免許という「生産段階」を飛び越し、すでにできあがった教員を、少しでも安く、速く、大量に確保しようと競い合うだろう。そうなれば、衣料品や電化製品などと同様に、労働力の安い発展途上国からの「輸入」に目を向けるのは、極めて自然な流れなのかもしれない。

知られざる「教員輸入」の現実

二〇一二年一二月、「アメリカのフィリピン人教員ら、四五〇万ドルを勝ち取る(1)」というニュースが流れた。それは、教員としてルイジアナ州に来たフィリピン人約三五〇人が、給料の搾取などの不当な扱いを受けたとして、ロサンジェルスの人材派遣会社を相手取った集団訴訟に関するニュースだった。

ちなみに、四五〇万ドルといえば、単純計算でも約四億五〇〇〇万円相当の金額だ。そのニュースによると、原告は、年収約四〇〇万円という、フィリピンとは比べ物にならないアメリカでの教員の高い給料に惹かれ、フィリピンの一世帯平均年収の約五倍にもなる高額な手数料（最高で約一六〇万円）を派遣会社に支払った。しかし、渡米数時間後、拒めば帰国という状況下で、月々の収入の一〇％を派遣会社に支払うという契約に署名することを求められ、その後も住居の手配、ビザに関する法手続きなどに関する予期せぬ経費を、次から次へと請求された。そして、それらの経費の担保としてパスポートとビザが没収されたという。原告側は、ビザを失い莫大な借金を抱えるという脅しの下での労働は、人身売買(ヒューマン・トラフィッキング)禁止法(人身売買への対処として二〇〇〇年に連邦議会で立法された強制労働を禁じる法律)への対処として二〇〇〇年に連邦議会で立法された強制労働を禁じる法律に触れると指摘したが、裁判では、これらの教員が自らの意志で渡米したこと、搾取されながらも仕事に喜びを感じていた者もいたことを理由に、その訴えは退けられ、事前に経費を明示しなかった派遣会社への罰金という形でおさまった。[2]

「教員輸入」、もしくは「ティーチャー・トラフィッキング」とも呼ばれる、嘘のようなこの話は、実は一〇年以上もの間、密かにアメリカで実施されてきた。アメリカ教員同盟は、二〇〇九年に発表した「教員輸入——教員の国際雇用の原因と結果」という報告書で、これを「ほとんど知られないままに拡大している」現象と紹介している。[3]

実際、私もある教育学者の友人との会話で耳にするまではまったく知らないことだった。外国人の教員雇用の分析に不可欠な情報を国が開示していないこと、そしてこれらの雇用が、専門職職業ビザ(H1-B)または交流訪問者ビザ(J-1)といった、政府による正式な入国許可証明を用いて行われることによる表面的な信憑性が、この問題を見えなくさせてきた原因と推測される。

調べてみると、すでに二〇〇一年には、ニューヨーク市教育庁が、グリーンカード取得などの好条件で数百人の教員をカリブ海諸国から雇用したが、約束された多くの条件が守られなかったとする報告書がある。[4] それによれば、専門職職業ビザまたは交流訪問者ビザで教員として渡米した者は、二〇〇三年の時点ですでに推定一万人。先に紹介したアメリカ教員同盟の報告書は、二〇〇七年には、約一万九〇〇〇人の外国人が、「地球の隅々からリクルートされ、教員を揃えるのが困難な都市中心部や田舎の学校に配属され、数学、科学、そして特別支援教育などのポジションの埋まりにくい教科を教えている」[5]と指摘し、その数は年々増え続けているとした。

ミシガン州立大学准教授（教育社会学）のアリッサ・H・ダンは、二〇一一年の論文[6]で、教員輸入を「教員雇用の規制緩和を推進する新自由主義の流れの中で急激に開花した現象」と説明している。また、アメリカ教員同盟は、調査結果として、これらの教員に対する酷使・虐待は悪質なものであり広範囲に及ぶこと、営利目的の国際雇用に対する規制がほとんどないこと、大規模な教員の国際雇用は送り出す側の教育の質低下を招くこと、このような国際雇用によってアメリカにおける「教員不足」の根本的な原因が隠されてしまうことなどを挙げている[7]。

教員輸入と教職の非専門職化

教員輸入という この現象の重要性は、新自由主義が導く教職の非専門職化を表面化させることにある。その説明として、密接に絡み合った幾つかのポイントがある。

最初の点は、教育の経済的課題に対する服従だ。規制緩和により教員配置をも市場原理に委ねた結果、自然と利益の追求が最優先され、人間の教育は二の次になる。このような環境では、教員の質と専門性が犠牲とならざるを得ない。

第二の点は、教員が使い捨て労働者になることだ。自由市場では、必然的に安く、速く、大量に手に入る労働力を求める力が働き、それが発展途上国からの教員輸入に繋がる。また、ルイジアナ州の教員輸入に関する裁判で被告となった派遣会社が、最長三年まで申請できる就労ビザを、あえて一年ごとに申請していたことには重要な意味がある。一年ごとの契約は、いつ契約を切られてもおかしくないという懸念を教員らに与えるため、不当な労働条件に対する反発を防ぎ、さらなる搾取をしやすくする効果がある。

教員輸入の現象は、教職の非専門職化を促進するその他の新自由主義的な傾向と同じ潮流の中にある。教員輸入を取り上げた数少ない学術論文の著者である、スー・ブックスとライアン・デ・ヴィラーは、以下の流れとの繋がりを指摘する。

- チャータースクールの増加とそれに伴う従来の公立学校の減少、および正規免許を保持する教員らの一斉解雇。
- 雇用保障を提供する教員組合を通さず、二年契約で非正規免許講師を教室に送り込むティーチ・フォー・アメリカの拡大と、それによる、大学をベースとする従来の教員養成プログラムの疎外。
- 二〇一一年にウィスコンシン州で始まり瞬く間に全米に拡大した、労働組合を解体しようとする動き。
- 自然災害や財政危機を理由に、組合に守られた教員らを一斉解雇し、悪条件(非常勤講師など)で再雇用する動き。(8)

ルイジアナ州の集団訴訟の原告となったフィリピン人教員らのほとんどが、「災害解雇」と称して四〇〇〇人の教員を一斉解雇したハリケーン・カトリーナ直後のニューオーリンズ市に送り込まれたという事実は、あまりにも象徴的だ。この流れが続けば、すべての教員が授業コマ数で給与が支払われるような完全非常勤講師制度が生まれる日が来てもおかしくない。

教員輸入と教職の非専門職化との繋がりを示唆する第三のポイントは、そのような行為を許容した貧弱な教育ビジョンにある。「輸入」された教員らは、生まれて初めての土地で、そこでの教員免許も文化に対する理解も持たずに教えることを求められた。それを許容したのは、地域や学校や子どもの違いを無視して標準化した教育のビジョンだ。

新自由主義教育改革が、人間の教育を標準テストの点数＝「学力」＝「グローバル市場における競争力」という狭い定義に閉じ込める中で、教師の教育学に根差した知識、教員免許、そして確固たる経験に培われた教師の直感、柔軟性、子どもに対する包容力などは、従来の価値を失っていった。「効率性」追求の名の下に、ビデオやiPad等のテクノロジーを導入する代わりにプロの教員を削減する現在のアメリカのトレンドの背景には、このような教育ビジョンの貧弱化がある。(9)

貧弱な教育ビジョンを超えて

「己をもって和とする」。

これは、私が日本の公立中学校で教員をしていた時に出会った恩師、小関康先生がよく口にしていた言葉だ。子どもは一人ひとりみな違う。性格も違えば、持っている能力も、人から受けてきた愛情も違う。だから、「七」の力を持っている子には教師である自分が「三」だけ出し、「四」しか持っていない子には、反対にこっちが「六」を出す。中には「一」しか持っていない子も、すでに「九」持っている子もいるだろう。だから、いっぱい褒めてあげたい子もいれば、あえて褒めるのを控えた方が伸びる子もいる。

もう一つ、小関先生は、「いいかげん」という言葉を好んだ。

「わかるか、いいかげんってのはな、テキトーってことじゃないんだぞ。好《よ》い加減なんだ」。

コンピュータやアマチュアにはわかるはずのない、経験に培われたこの「いいかげん」の感覚こそが、プロの教員の専門性なのではないだろうか。現在、アメリカだけでなく世界的に、地域の環境や子どもの個性を無視、または表面的に認めた上で、どのような状況にも適用可能な「ベストプラクティス」や「最高の授業」を見つけ、それを再生すれば良いといった、安易な考え方が普及している。人間の複雑さ、そして教えるという行為の豊かな可能性を軽視するこのような価値観こそが、教員輸入を許容する貧弱な教育のビジョンと教職の非専門職化とを支えているのではないだろうか。

二〇一三年一一月、『USAトゥデイ』に「政府、学生ローンから四一三億ドルの利益を記録⑩」というショッキングなニュースが載った。四一三億ドルといえば、約四兆一三〇〇億円にのぼる。ちなみに、二〇一二年度にこれを上回る利益を記録した会社は、世界でもエクソン・モービル（四四九億ドル）とアップル（四一七億ドル）の二社しかないそうだ。この金額をもってすれば、連邦ペル給付奨学金（大学生を対象とする米国連邦政府最大の給付奨学金）最高額の五六四五ドルを、実に七三〇万人の大学生に給付することも可能だ。二〇一〇年の暮れにミシガン大学を卒業したケリー・ウィルクさんはこう語る。「政府は学生ローンから利益をあげる代わりに、なぜ経済的に苦しむ何百万の学生を支援しないのでしょうか」。

このニュースは、今のアメリカ政府の教育に対する姿勢を象徴している。それは、教育を軽視し、「自己責任」の名の下に次世代への投資を拒む新自由主義国家の姿だ。教育などの人間としての基本的な権利までもが、個人がそれぞれの予算に合わせて市場で購入する商品へと変えられ、学生もが消費者、さらには搾取の対象と見なされる。アメリカだけの問題ではない。世界規模で新自由主義が勢力を拡大し、教員の使い捨て労働者化が進み、次世代を担う子どもへの責任が目先の利益に負けてしまうこんな時代だからこそ、問い直さなければならない。私たちはどのような願いを子どもの教育に込めるのか。また、すべての大人の代表として、日々子どもと関わる教師という仕事に、私たちはいかなる願いを託すのか。

第5章 PISAと教育の数値化、標準化、そして商品化

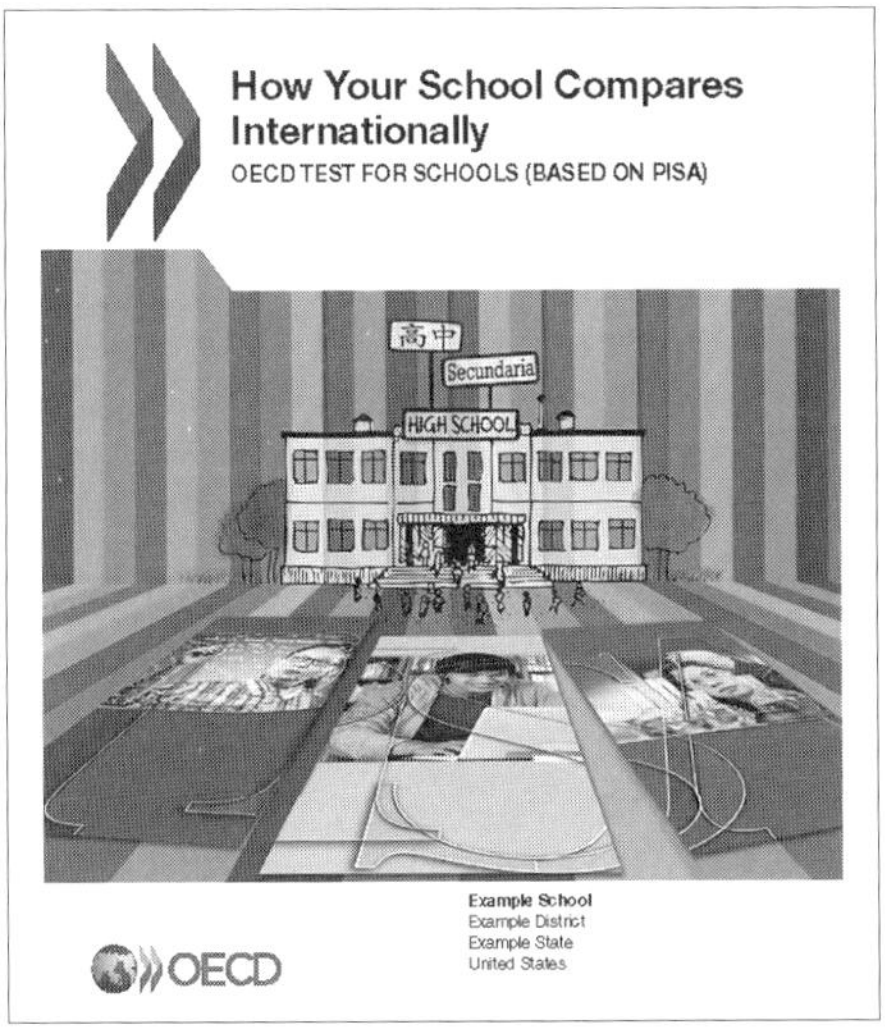

「あなたの学校と世界の比較」.
(出典：OECD. http://www.oecd.org/pisa/aboutpisa/Golden_e-book_1_example.pdf)

ＯＥＣＤ（経済協力開発機構）が三年ごとに実施するＰＩＳＡ（国際学習到達度調査）。日本でも、「ＰＩＳＡショック」や「ＰＩＳＡ型学力」などの言葉で広く知られている。しかし、回を重ねるごとに拡大する、世界の公教育に及ぼすその影響力に警鐘を鳴らす署名運動(1)が二〇一四年四月に始まり、世界中の教育者の注目を集めた。その署名運動は瞬く間に広がり、署名用に英語で書かれた公開書簡はドイツ語、中国語、スペイン語、フランス語、そして日本語に翻訳されており、イギリスの『ガーディアン』や『グローバル・ポリシー』、日本の『東京新聞(2)』など、世界のメディアもこのＰＩＳＡ批判の署名運動を取り上げた。

署名者は一カ月で一六〇〇人を超え、世界四九もの国々から署名が寄せられた(3)。しかも、その顔ぶれが凄い。アメリカの教育学者だけでも、スタンフォード大学のネル・ノディングズやデヴィッド・ラバリー、ニューヨーク大学のダイアン・ラヴィッチなどの大御所の他に、知識人として世界的に著名なマサチューセッツ工科大学のノーム・チョムスキー、そして校長や教員、保護者など、実に幅広い層の支持者を集めている。

アメリカだけではない。カナダのヘンリー・ジルー、中国出身のヨン・ザオ、ルクセンブルク(4)のゲルト・ビースタ、イギリスのスティーヴン・ボール、そして日本でも木村浩則教授や勝野正章教授をはじめとする教育学者や学生、そしてジャーナリストらが賛同している。

発起人は、ニューヨーク州立大学アルバニー校のハインツ・マイヤーと同大学ニューパルツ校のケイティー・ザヒディという二人の教育学博士だ。ケイティーとはアメリカで進む公教育崩壊の動きに対抗する教育運動の同志でもあることから、私もこの運動のお手伝いをすることになった。

新自由主義の象徴としてのＰＩＳＡ

私は、ＰＩＳＡというテストの質を批判するつもりはない。ＰＩＳＡは「知識を実生活に適用する能力」の評価を打ち出し、受験を前提とした机上の詰め込み教育とは一線を画してきた。ＰＩＳＡに対する十分な批判が日本で展開されてこなかったのはこのあたりが理由だろう。

ＰＩＳＡを批判する公開書簡の中では、幅広い賛同者を募るため、「新自由主義」という言葉はあえて使われていない。しかし、真の問題はＰＩＳＡが助長する新自由主義の流れであり、ＰＩＳＡを通してＯＥＣＤが世界中の公教育システムを遠隔評価し、監視、競争させ、政策誘導し、世界教育市場の拡大と活性化を促進している現在の新自由主義的な構図そのものにある。

第1章で、新自由主義は社会のあらゆる活動を経済的に分析するまったく新しい価値観を人々に提供したとする、ミシェル・フーコーの解釈を紹介した。それによれば、新自由主義は暴力も必要とせず、市民一人ひとりが当然のように「あるべき姿」に従って少しでも己の「パフォーマンス」を上げようと努め、自己の行動を規制していくという、個人の心理にまで浸透する監視と抑圧の力学だ。

その意味で、ＯＥＣＤが前提とする、世界市場における経済的競争力の増強を目的とする、狭く偏った学力観は、人間の教育の経済的課題に対する服従といっても過言ではなく、そのＯＥＣＤが世界の公教育を評価し、各国の教育政策に多大な影響を与えていることを私たちが当然のように受け入れている事実は、新自由主義が私たちの心の奥底まで浸透していることを物語っている。

社会運動家としても著名なノーム・チョムスキー博士は言う。「いかなる抵抗をも抑圧し得る賢い方法は、議論の範囲を制限し、その中で活気ある議論を奨励することだ」[5]。この言葉は、PISAを取り巻く今日の世界情勢を見事に表現しており、世界がPISAの順位表に一喜一憂し[6]、成績を上げようと躍起になっていることの滑稽さに気づかせてくれる。

それゆえ、もしこの活動がPISAの学力調査としての批判だけにとらわれてしまうようなことがあれば、PISAの表面的な改善、もしくは類似した国際学習到達度調査との単なる置換という無意味な結果で終わる危険性もある。反対に、もしこの署名運動がPISAを取り巻く世論の流れを変えるきっかけとなることができれば、PISAを一つの象徴として、新自由主義とその世界的拡大について警鐘を鳴らすことができるかもしれない。真の批判対象はOECDでもPISAでもない。それを十分な批判もなく受け入れている私たちの政府であり、私たち自身だ。

公教育の世界的権威となったOECD

公開書簡の執筆者の一人であるハインツ・マイヤー博士は、『グローバル・ポリシー』への寄稿で、「経済市場とITのグローバリゼーションの結果、市場経済の成長に献身する機関であるOECDが、今では世界中の公立学校のスタンダード（標準）を設定し、パフォーマンスを評価し、公教育の世界的権威として振る舞っている」[7]と指摘しているが、これは決して大袈裟な表現ではない。

アメリカの教育学者、ピーター・タウブマンは、「スタンダード」という単語の語源に注目する。「オックスフォード英語辞典は、その言葉は戦場における王様の位置、つまり戦場で王旗（スタンダード）が上げられた場所に語源を得ると示している。よって、語源的に、すべての物差しは権力の中心から引き出されることになる。この意味は、教育におけるスタンダードの使われ方と関係があるように見える。スタンダードは何らかの規制権力の中心から広がるもので、それが意味をなすには、統一され、その一貫性に権力を見出し、変化することなく時空を超えてさまざまな現象に行き渡る必要があるからだ⑧」。

これは、二つの重要な点を示唆している。一つは、スタンダードと権力との関係であり、「市場経済の成長に献身する」ＯＥＣＤが、世界統一学力標準を提示することにより、世界の公教育の権力の中心として君臨しているという異様な事実。次に、人種、言語、文化などの多様性の壁を乗り越え、さまざまな地域の学力標準を統一し、その一貫性に権力を見出そうとする、ＰＩＳＡの侵略的な側面である。

歴史的背景

ここで二つの疑問が生じる。ＯＥＣＤはいかにして世界各国の教育を評価する権力の中心となり得たのか、そして、ＰＩＳＡはなぜ人種、文化、言語など、地域の多様性の壁を越え、まったく異なる国々の教育を比較できるのだろうか。

ベルギーのマーテン・シモンズ、イギリスのマーク・オルセン、アメリカのマイケル・ピーターズという教育学者らは、二〇〇九年の共編著[9]で、グローバル教育政策の流れを追っている。一九六〇年代以降、ユネスコ、世界銀行、OECD等の国際機関は、国をまたいだ実証研究を行った。一九九〇年代に入ると、これらの機関によって蓄積されたデータは、政治的脚光を浴びることになる。このデータ収集は、「教育的パフォーマンスとベストプラクティスの情報の収集と拡散」を主な目的とした新たなグローバル教育政策の流れの一部で、そうした中で生まれたのが「数値による統治」と「評価による操作」という二つの新たな政策トレンドだった。

教育の数値化、標準化、そして商品化

この「数値による統治」なしに、地域の多様性を越えた国際学力到達度調査は存在し得ない。

一九世紀以降、西欧諸国の人々が数字に対して絶大な信頼を抱くようになった理由を歴史的に検証したセオドア・ポーター[10]は、数値化の特異性と強みを考察する中で、数値化を「距離のテクノロジー(technology of distance)」と説明する(写真)。「数値を集め、操作するための規則は広く共有されているので、それらは簡単に海や大陸を越えて、活動を組織したり論争を解決したりするのに用いることができる。おそらく最も重要なのは、数値と数値的操作への信頼が、詳細な知識と個人的信頼の必要性を最小限にすることだろう。数値化は、地域とコミュニティの境界を隔てて為されるコミュニケーションに最も適している」。

PISAは、この「距離のテクノロジー」を駆使し、教育という本来極めて主観的で環境に左右されやすい人間的な営みを、環境の多様性を削ぎ落とし、ペーパーテストで客観的に測定・比較す

ることができる「パフォーマンス」数値へと抽象化することによって、教育の遠隔評価を可能にした。

これに対し、北アイルランドの数学者、ヒュー・モリソンは、「数字が要約できるものは非常に少ないにもかかわらず、PISAは一国の教育システム全体をたった三つの数字で把握し得ると主張している」と指摘する。[11] アメリカを代表する教育学者であるマイケル・アップルは、市場とパフォーマンスの関係に注目している。そもそも、ビジネスの世界で使われてきた「パフォーマンス」というこの言葉が、教育の世界でも使われるようになったのはどうしてだろうか。アップルは、事業の効率と効果を証拠として残すための「メカニズム」の構築が市場化に不可欠であったことを指摘し、次のように述べている。「まさに起こったのは、この市場とパフォーマンスの証拠を産み出すためのメカニズムの連動そのものであった[12]」。そして、学力標準テストをベースにした教育の評価システムが、教育の市場化に必要なそのメカニズムだったのだ。

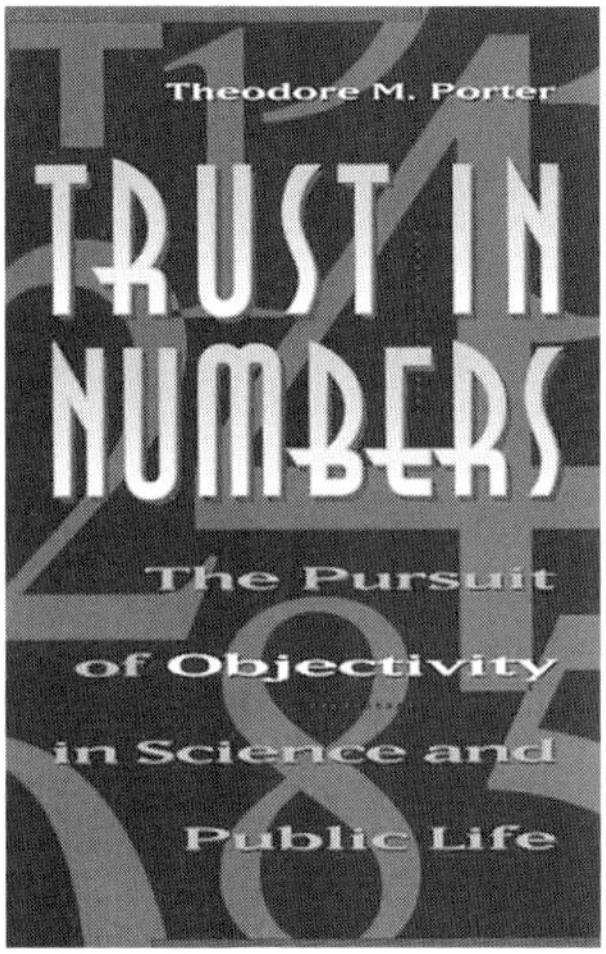

セオドア・ポーターの著書，*Trust in Numbers*(1995, Princeton University Press).

物事の数値化を「距離のテクノロジー」としたポーターは、産業革命以前の世界において、計測単位の多様性が大規模な商業取引ネットワークの拡大の妨げとなっていたことに触れ、「資本主義の拡大が、単位を統一化し、簡略化することへの一つの重要な動機だった」と指摘する。これは、学力の数値化と標準化が、教育の商品化への道を開くことを示唆している。タウブマンは、アメリカのジャーナリストであり、新自由主義論者として知られるトーマス・フリードマン[13]の言葉を引用しながらこう言っている。

「もっともっと共通標準が必要だ。共通標準を通してすべての人々と繋がれば繋がるほど、仕事をぶった切り、その断片を世界各地に送り、仕上げることが簡単になる」……仕事が「ぶった切られ」そしてデジタル化されれば、それを「最も賢い又は安価な制作者にアウトソースする」ことも可能になるのだ。〔中略〕教えるという行為が突然標準化された構成部分に分解され、市場にさらされるもう一つのサービスになってしまうことは容易に想像できるだろう。[14]

世界中でおおよそ好意的に受け入れられてきたPISAをこのような視点から検証する時、そこに表れるのはそれまでとはまったく異なる、グローバリゼーションを担う新自由主義のテクノロジーとしての姿である。教育が数値化され、世界規模で標準化されることによって出来上がるのは、テストの点数を「通貨」としたグローバルスケールの教育市場だ。そこでの権益を、第2章で紹介した世界最大の教育出版社、ピアソンが何としてでも欲しがったのはよく理解できる。二〇一五年度のPISAの運営を委託されたことによって、ピアソンは世界最大の学習到達度調査のオフィシャルブランドとなった。PISA関連の教材出版、模擬テスト、データシステム提供、コンサルティングからピアソンが得るであろう利益は果てしなく大きい。ちなみに、OECDの教育局次長でありPISAディレクターのシュライヒャーがピアソン社の顧問の地位にあることも指摘しておくべきだろう[15]。

数値化と標準化に伴う教育の商品化のもう一つの例は、教えるという行為のテクニック化だ。ただ点数を上げることだけが求められるのだから、学校は進学塾化し、教えるということはもはや点数を上げるためのテクニックでしかなくなってしまう。ティーチングが、誰でもどこでもすぐに使えるテクニックに分解、商品化され、販売されるのだ。これは、『チャンピオンのように教えろ——生徒を大学への道に乗せる49のテクニック[16]』という本がアメリカでベストセラーになったこと、そして日本でも足立区教育委員会が新人教員研修のために大手進学塾のeラーニング教材を導入したことに象徴されている。足立区の新人教員らが事例映像および解説を通して学ぶのは、「声量や目線、立ち位置、話し方」など、生徒の学習意欲向上のために必要な「基本動作」だという[17]。

現在、世界で流行している「ベストプラクティス」や「最高の授業」などの概念もまた同じ流れにある。教育が標準化される中、テストの点数を最も効率良く上げる実践が取り上げられ、ビデオ等にデジタル化され、拡散されるのだ。しかし、この流れは、授業を受ける子どもの特徴や地域性を無視するという、実際に教員として何年か教えたことのある人間であればまず考えられない根本的な問題を抱えている。ただ、さらに深刻な問題は、そのように安易な取り組みでも実際に「成果」を上げられるまでに、教育というものが貧弱化していることだろう。

チョムスキー博士の言葉通り、これまで私たちは「PISA型学力」という制限された枠組みの中で、実に活発な議論を交わし、競争を繰り返すことによって新自由主義の深みにはまってきた。

今、改めて問うべきは、「学力」議論の枠組みそのものなのではないだろうか。また、ＰＩＳＡで世界の上位を占めるアジアの人々がＰＩＳＡに関する現在の流れに批判の声を上げることは非常に効果的なことで、今後、そのネットワークをアジアの中で広げていく必要があるように思う。

第6章

アメリカのゼロ・トレランスと教育の特権化

2015年5月，「メリーランド州は予算不足を理由にボルティモア学校区への約11億円の追加予算を却下する代わりに，30億円を超える少年院の建築を決めた」.
（出典：US Uncut. https://www.facebook.com/usauncut/photos/a.190167221017767.44131.186219261412563/977011725666642/type=3&theater，短縮版：http://bit.ly/25ostUq）

二〇一四年冬、人種問題に揺れるアメリカで、私は新自由主義と教育における人種差別の関係について考えていた。ニューヨークとミズーリで相次いで起こった白人警官による丸腰の黒人殺害[1]、そして加害者である白人警官の不起訴処分という大陪審の結論は、人種差別撤廃を訴えるデモとなって瞬く間に全米へと広がって行った。もちろん米国における人種差別は今日に始まったことではなく、二〇一二年だけで、少なくとも三一三人のアフリカ系アメリカ人が、警官、警備員、自警団などに殺されており、実に二八時間に一人の割合で殺されていることになる[2]。よって、民衆の、特にアフリカ系アメリカ人に代表される有色人種の怒りは、差別撤廃の象徴であったはずの公民権法の成立から半世紀経った今なお、肌の黒い人間が公然と国家権力に殺され続けているアメリカ社会の構造的な人種差別に向けられたものだと考えるべきだろう。

ただ、脈々と流れてきたアメリカの人種差別の歴史は、いつしか新自由主義と合流し、さらに激しい流れとなり、有色人種だけでなく、低所得者、ホームレスの人々、高齢者、障がい者など、社会的弱者の切り捨てを加速させた。大人だけではない。一九八〇年代の「薬物との戦争」に始まった「ゼロ・トレランス」政策は公教育にも進出し、凄まじい勢いで黒人やヒスパニック系の子どもたちに犯罪者のレッテルを貼り、障がいを持つ子や学力の低い子を積極的に排除し、これらの子どもたちの教育を受ける権利と選挙権を剝奪することで社会から抹殺してきた。

社会の大きな流れが教育にどう影響しているか、それを検証せずに、教育情勢を理解することはできない。この章で取り上げる「ゼロ・トレランス」も同じで、「ゼロ・トレランス政策に教育的な効果はあるか否か」という教育学の中だけの狭い議論に執着することは、より根源的な問題や問いを隠してしまう危険がある。公共事業の規制緩和と民営化、年金や健康保険等の社会福祉事業の縮小、労働組合潰しなどの動きと並行して行われる、社会的弱者の積極的な排除と使い捨てを、民主主義の理想の中でどう理解すればよいのか。経済や教育において勝ち組と負け組の二極化が進み、社会的弱者が切り捨てられて行く中、ゼロ・トレランス政策は、基本的人権や公教育の理念にどう影響するのだろうか。

ゼロ・トレランスとは

端的に言って「ゼロ・トレランス」とは、巧妙に中性化されたプロパガンダと考えるのが正しいのではないだろうか。「トレランス」は許容や寛容を意味する。よって、そこには「絶対に(問題とされる行為を)許さない」という行動のメッセージだけがあり、主体や理由等の大事な問いを考える余地は残されていない。そもそもなぜ、そのような問題が生じているのだろうか。メッセージに暗示されている「私たち」とは誰のことで、その線引きからは、誰が排除されているのだろうか。

ゼロ・トレランス政策の由来は、レーガン政権による「薬物との戦争」に遡る。ゼロ・トレランス方式を適用した「薬物との戦争」の特徴は、①「割れ窓」理論の利用によって、社会科学の名の下に「犯罪」の定義を拡大した、②薬物犯罪以外への取り締まり対象の拡大によって、新自由主義の流れと合流し、社会的弱者を守るのではなく犯罪者扱いすることで、社会福祉事業の削減を正当化した、③その結果、黒人やヒスパニック系の人々に対する、より大規模で徹底した弾圧を可能にしたことだろう。

「割れ窓」理論

「割れ窓」理論とは、政治学者のジェイムズ・ウィルソンと犯罪学者のジョージ・ケリングが一九八二年に提唱した犯罪学の理論であり、[3] 簡潔に言えば、割れた窓のようにどんな些細なものでも、秩序の乱れを放置しておくと、さらなる無秩序と、より深刻な犯罪にエスカレートするという理論だ。[4] この理論には一理ある、と私は思う。日本で中学校の教員をしていた時、私自身も「制服の乱れは心の乱れ」として生徒指導に取り組んだ。些細な乱れを許すことが、次第に大きな乱れを呼ぶ原因となることも経験した。ただ、真の目的は、制服や言動に表れる些細な乱れから生徒の心の乱れに気づき、その生徒に必要な心のサポートを与えることだ。決して生徒の服装の乱れを正すことではない。些細な規律の取り締まりだけを強化し、生徒の内面的なニーズを無視し続けたら、彼らに不信感を植え付けるだけで問題の解決にはならない。

ゼロ・トレランスの拡大

レーガン政権が「薬物との戦争」を始めて間もなく、ゼロ・トレランスは家庭内暴力、環境汚染、無賃乗車、公衆衛生に関わること（公共の場におけるゴミ捨てやツバ吐き）、そして学校教育などの分野での取り締まりにも積極的に適用され、さらなる秩序の乱れを防ぐという名目で「犯罪」の定義を拡大していった。

これらの問題の多くは貧困を原因とするため、近年は「貧困の犯罪化」と批判されることも多い。特に路上生活者の都市部からの締め出しは全国的に顕著で、ベンチで寝ることや物乞いに始まり、公共の場での飲食や座り込みも法律で禁止され（二〇一四年時点で全米一〇〇都市）[5]、実質上、路上生活をすることは犯罪化された。逮捕されれば、犯歴が残り、選挙権が奪われる。認定証なく他人に食べ物を恵むことが法律で禁じられている複数の地域では[6]、路上生活者には社会参加の権利だけでなく、生きる権利すら認められていないと言っても過言ではない。ゼロ・トレランスによる犯罪定義の拡大は、基本的人権の縮小と表裏一体の現象と言えるだろう。

路上生活者弾圧の例を見れば明らかだが、ゼロ・トレランスの目的は、薬物問題や貧困等の抜本的改善なのではなく、それらの社会問題に蝕まれる人々の切り捨てである。公的資金は、社会福祉の拡充や雇用を増やすことよりも、警察官の増強や刑務所の増加に当てられた（写真）。全国的に警察官は激増し、全国の刑務所の予算は一九八〇年から二〇〇〇年までの間、七〇億ドルから四〇〇億ドルへと飛躍的に増えた[7]。北米を中心に教育学者かつ批評家として活躍するヘンリー・ジルーはこう説明する。「一九七〇年代に生じた社会・経済危機により、〔ジョンソン大統領の〕「貧困との戦い」が勢いを失った頃、政府のあらゆるレベルにおいて、社会問題対策の重点を社会的投資から公共管理、社会的封じ込め、そして犯罪化へと移そうとするシフトがあった」[8]。社会的弱者を犯罪者扱いすると同時に社会福祉事業の削減を進めるというこの流れに見られるのは、福祉国家から新自由主義国家への移行に他ならない。

「1980 年以降，カリフォルニア州が建てた大学は一つだが刑務所は 22」．この数字に，市民に対する「投資」から「排除」へと舵をきったアメリカ社会の変遷が見られる．
（出典：カリフォルニア州 Manifest Justice exhibit の展示作品．http://www.afropunk.com/profiles/blogs/feature-manifestjustice-art-exhibit-in-los-angeles）

もちろん、階級格差は人種格差と比例しており、結果的に自由市場を推進する国家権力が、人種問題に触れずに有色人種を弾圧するという好都合な形となった。ゼロ・トレランス政策拡大の結果、アメリカの囚人は一九八〇年から三〇年間で約五〇万人から二三〇万人に膨れ上がり、そのうちの一〇〇万人近くがアフリカ系アメリカ人だという。世界人口の五%しか占めないアメリカは、世界の囚人人口の四分の一を占めるに至った。ちなみに、薬物犯罪に関してはアフリカ系アメリカ人の五倍の白人が薬物を使用しているにもかかわらず、彼らは白人の約一〇倍の割合で刑務所に送られており、ゼロ・トレランスに隠されたダブル・スタンダードがうかがえる[9]。

教育におけるゼロ・トレランス

アメリカが次々と宣戦してきた貧困、薬物、犯罪との戦争は、やがて黒人やヒスパニック系の若者に対する「戦争」へと拡大していき、現実に非常事態宣言を出された都市部貧困地域の学校では、日常の他愛ない行為が犯罪化され、極端に厳しい処分が日常となった[10]。シカゴやニューヨークを筆頭に、多くの都市で公立学校における生徒指導が警察に委託され、教育予算がカットされる反面、学校警備に莫大な予算が配分された。二〇一一年、シカゴ学校区の進学・就職カウンセラー予算の三五〇万ドルに比べ、警備員予算は実に五一四〇万ドルだった[11]。そして、幼稚園児までもが学校の中で手錠をかけられるようになった。本来は犯罪管理の手法であったゼロ・トレランスは、秩序の乱れを早い段階で食い止めるというロジックのもとで教育に侵入し、権力による子どもたちへの暴力行使を正当化した。

教育におけるゼロ・トレランス政策は、一九九四年、メディアが描く黒人などの青少年の暴力的なイメージに便乗して[12]、クリントン政権が学校への銃器持ち込みの取り締まりに適用して以来、瞬く間に対象範囲・年齢を拡大していった。アメリカ教育省の見積もりによれば、毎年、幼稚園から高校三年までの三〇〇万人以上の生徒が停学処分を受けている。そのうち明らかな違法行為はごく一部で、ほとんどは教員への暴言、喧嘩、遅刻、制服の乱れ等の逸脱行為であった。一九九四年にゼロ・トレランスを一斉に取り入れたシカゴでは、以後四年間で退学処分は実に三〇倍以上に飛躍した[13]。

暴走し得るゼロ・トレランスのロジックの危険性を象徴する例は、幾らでもある。ミシシッピ州で五人のアフリカ系アメリカ人の少年がスクールバスの白人運転手にピーナッツを投げつけたとして逮捕され、重罪たる暴行の罪に問われた件、ニューヨークの学校で制服違反をした生徒らが手錠をかけられた件[14]、級友から五ドル盗んだと疑われた七歳の少年が、手錠をかけられた上に尋問され

ケンタッキー州では，学校で暴れたという理由で障がいを抱える二人の子どもが手錠をかけられた．手首が細すぎたため，上腕部に手錠がかけられている．
（出典：Democracy Now. http://www.democracynow.org/2015/10/28/criminalizing_the_classroom_inside_the_school）

た件（のちに他の生徒が盗みを自白[15]）。ニューヨークで特別支援を要する幼稚園児が暴れたとして、後ろ手に手錠をかけられているビデオ[16]が世間を騒がせたのはまだ記憶に新しいし、手首が細すぎるために腕の上部で手錠をかけられるケンタッキー州の八歳児（写真）[17]を見て、「何もそこまでして」と思った人は少なくないだろう。もちろん、これらは極端な例ではあるものの、問題は「割れ窓理論」が犯罪の定義を著しく拡大したように、「ゼロ・トレランス」の名の下に罰される「逸脱行為」の定義の曖昧さが孕む人権侵害の危険性だ。

また、ここにも、ゼロ・トレランスの構造的人種差別は確実に表れている。アメリカ教育省によれば、黒人が停・退学処分を受ける割合は白人の三倍[18]で、カリフォルニア州立大学ロサンジェルス校の公民権プロジェクトによれば、黒人の中高生の四人に一人が停学になっているという[19]。また、生徒指導を警察の管轄とする地域では、些細な校則違反にせよ、生徒が停学処分を受けた場合は地元の青少年犯罪課への報告が義務づけられている場合が多く、それらの地域では停学と同時に犯歴が残り、人生の早い段階で選挙権を永久に剝奪される可能性が高い。このように、エスニック・マイノリティが多く住む貧困地区では、家庭でさまざまな困難を抱える生徒のニーズに応えるのではなく、些細な校則違反や逸脱行為を理由に犯罪者扱いし、学校システムから積極的に排除することが優先されている。

新自由主義教育改革との合流

二〇〇二年、すでに古くなりつつあったゼロ・トレランスに一つの転機が訪れた。米連邦政府による「落ちこぼれ防止法」の施行だ。同法は、バウチャー制やチャータースクール（公設民営学校）制度の導入ですでに市場化した教育システムにおいて、学力標準テストによる教育の徹底管理を全米で展開し、学力基準に到達しない学校への制裁を義務づけた。アドバンスメント・プロジェクト等による共同報告書は、同法が施行された二〇〇二年以降に劇的に上昇した全国停・退学率とゼロ・トレランスとの関係をこう説明する。「生徒の点数を上げろという指令の下、学区、学校、管理職や教員らは結果を出すための重圧を受けている。このプレッシャーは、実際には、点数の低い生徒の自主退学や排除を奨励・促進するという歪んだ動機を学校に与えている」[20]。

このような学校による生徒の排除が最も顕著に見られるのは、学校間の競争に拍車をかけ、公教育市場化の原動力となったチャータースクールだ。高校・大学への進学率一〇〇%を売りにする人気チャータースクールは多いが、それら高進学率は、実際にはゼロ・トレランスの徹底による極端に高い生徒の退学率に支えられている場合が多い。校則違反の生徒、低学力の生徒、学習障がいを抱える生徒は、次々に排除または自主退学を促され、一握りの精鋭だけが最後に残るのだ[21]。二〇一五年一一月現在も、ニューヨーク市ブルックリンでは、「アチーブメント・ファースト（Achievement First)」という有名なチャータースクールのフランチャイズが法律で定められた特別支援教育を提供しなかったとして、障がいを抱える五人の子どもの保護者らが訴訟を起こしている。原告の一人である母親は次のように言っている。「彼らはすべての子どもたちを同じように扱うのです。たとえ障がいを持っていたとしても、何の配慮もありません」[22]。学力標準テストが教育を支配する文化は、子どもたちさえも標準化しようとしている。各学校が少しでも安く、より高い効果を目指して競争する中、障がいを抱える子どもたちは「ゼロ・トレランス」の名目で不当に罰せられ、公教育から切り捨てられていくのだ。

新自由主義との合流により、市場原理の名の下に社会的弱者を排除するテクノロジーとなったゼロ・トレランスは、教育を受ける権利さえも弱者から奪い、強者の特権と変えてしまった。

特権化する教育

イタリアの哲学者、ジョルジョ・アガンベン(Giorgio Agamben)は、第二次世界大戦下のユダヤ人強制収容所の分析を通して、強制収容所の存在こそがナチスの社会統治の中心的な役割を果たしていたと指摘する。ナチスは、通常の法律が適用されない「例外の空間」を社会の中に特別につくり、その中で地位も仕事も財産も基本的人権さえも剝奪されたユダヤ人が、「剝き出しの生」としてただ生き延びることを余儀なくされ、それによって社会参加権の保障された普通の暮らしを一部の人間の特権へと変えた。同時に、ナチスはユダヤ人とその協力者への容赦ない暴力行為によって、あらゆる人間が「剝き出しの生」となり得る不安定な状況をつくり、社会全体の統治力を強めていったのだ。

アメリカの教育哲学者、タイソン・ルイスは、アガンベンの描くこの強制収容所のイメージに、現代アメリカの都市部貧困地区における学校を重ね合わせている。これらの学校では、非常事態宣言が出され、ゼロ・トレランスの名の下に子どもたちは次々と犯罪者にされ、社会から抹殺されてきたため、学校は子どもたちにとって、ただ生き延びるためだけの空間になった。しかし、社会的弱者の学校からの排除は、同時に、誰にでも保障される教育を受ける権利の基本的人権としての安定性を崩し、公教育の公共性を崩壊させた。そして、新自由主義との合流で、教育を受ける特権は、エスニック・マイノリティ、障がい児、低学力の子などから、次々と奪われていったのだ。

全米で展開されたゼロ・トレランス政策は、特定の地域と人口を対象にし、社会の中に法律の届かない「例外の空間」をつくった。そこでは、犯罪の定義が拡大されると同時に、人々は基本的人権を奪われた。当然、ゼロ・トレランスは、原則的に発言力もなく最も脆い社会的弱者の弾圧から始められる。ただ、もっと重要なのは、例外の空間が社会全体にもたらす影響だ。社会的弱者の基本的人権剝奪の真の意味は、それまで人として当然のものと保障されていた権利を不安定にし、それを一部の人間の特権に変えてしまう[23]。新自由主義との合流で、ゼロ・トレランスと並行して行われているグローバルエリート教育の推進は、社会的弱者の切り捨てで生じる公共資源を集中的に配分することで可能になるわけで、批判的地理学(critical geography)の第一人者であるデヴィッド・ハーヴェイの言う、「略奪による蓄積」[24]の表れだと言える。

日本でも、ゼロ・トレランスという概念は確実に広まっている。千葉に住む私の姪の中学校では、盗難防止のために一時期警察が常駐していたという話を聞くと、教育とは何なのかと考えさせられる。

アメリカの事例は幾つもの警告を私たちに突きつけているように思えてならない。

第7章

アカウンタビリティという新自由主義的な「責任」の形

「落ちこぼれ防止法」に署名するブッシュ大統領(2002年1月8日).「測れないものは管理もできない」,「すべての子に学ぶ能力がある」をスローガンに，教育の数値化とアカウンタビリティの導入を図ってきた.
(出典：Education Week. http://www.edweek.org/ew/section/multimedia/no-child-left-behind-overview-definition-summary.html)

私が責任という言葉に興味を持ったのは、東京の留学予備校で英語を教えていた時だった。英語では責任に「responsibility（レスポンシビリティ）」という言葉を使う。単語の意味を生徒たちにわかりやすく説明するために、response と ability という二つの構成部分に分けてみた。response は respond（応える）の名詞形、ability は「能力」。ん？「応える」「能力」……なぜそれが「責任」？

語源を調べてみると意外な発見があった。responsibility の語源はラテン語にあり、re（返す）- spondere（約束する）- ibility（能力）という三つの構成部分から成っていた。中でも、漢字が表すような「責めて」「任せる」という外部から強制的に背負わされる責任のイメージとは程遠い「約束」という第三の要素が入っていたことは驚きだった。つまり、respond は元々「約束をもってお返しをする」という意味であり、この「責任」の語源から見えてくるのは、贈り物を介して与える者と与えられた者の間に芽生える人間関係だ。この語源を踏まえてウェブスター英英辞典の定義（a particular burden of obligation upon one who is responsible）を訳すと次のようになる。「約束をもってお返しをする、その能力を持つ者に課せられる義務という負担」。レスポンシビリティ、それは恩恵を受けた相手に対する約束であると同時に、何よりも自分自身に対するけじめであり、自分でその約束を背負い、まっとうする能力だった。

同時に、両者の関係は返済の期限や形態を決める窮屈な契約に縛られるわけでもなく、あくまでも約束、期待、そして信頼によってのみ支えられる不確実な人間関係だ。しかし、そんな不確実性こそが大事なのかもしれない。「自分を信じてくれた」、そんな想いが強い責任感を育む。与えられた者は贈り物を糧に成長し、自分にしかできない形で恩返しをすることを誓い、与えた者は自分たちには想像し得ない未来に希望を託すのだ。「いつか、きっと」。

大人に課せられた「二重の責任」

私の恩師である故マキシン・グリーン(Maxine Greene)女史に最も大きな影響を与えた哲学者の一人であるハンナ・アーレントは、レスポンシビリティの語源から見えてくる責任の理解をさらに深めてくれる。私たち人間が、いつの時もすでに流れている古い世界に「子ども」という新しい存在として生まれ、次の世代を迎え入れる「大人」へと成長していくことの重要性を彼女は指摘する。過去と未来、世代と世代の狭間に生きる人間の宿命的な歴史性に注目する時、初めて責任の循環性という新たな側面が見えてくる。それは、「与える者」自身も「与えられる者」であったことを意味している。

アーレントは、大人には「二重の責任」があると言う(1)。一つは、世界に対する責任、もう一つは子どもに対する責任だ。世界に対する責任とは、「世界を子どもから守ること」、そして「古きを新しきから守ること」を意味する。自分たちが祖先から受け継ぎ、守ってきた伝統や価値観を子どもに好き放題に壊させてはいけない。自分たちが歩んできた道のりにプライドを持て、もしくは持てるような生き方をしろ、というアーレントの叱咤激励が聞こえてくるようだ。

しかし、アーレントがイメージする「世界」とは、善いもの美しいものばかりではない。悪しきもの醜いもののもちろんある。そのありのままをすべて子どもに教えること、それが彼女の言う大人の責任だ。それによって初めて、子どもたちは自分たちが受け継ごうとしている世界が不完全で発展途上にあることを知る。

生命が生きるために進化を繰り返してきたように、この世界もまた、進化を止めれば死にゆく運命にある。そして、その進化をなし得るのはいつの時代も子どもだけであるため、「我々の希望は常に、各世代がもたらす新しさに懸っている」[2]と。アーレントは、子どもには持って生まれる「生み出す力(natality)」があり、一人ひとりが何らかの革新の要素と大人には想像し得ない新しい世界をつくる可能性を持っていると断言する。

ここに、大人のもう一つの責任が生じる。それは、「子どもを世界から守ること」であり、「新しきを古きから守ること」だ。それによって大人は子どもが世界を創り変えるための準備をするのだ。しかし、「新しきもの」は「古きもの」があって初めてその新しさを帯びるわけで、新しいものは古いものの中からしか生まれない。だからこそ、子どもに私たちの受け継いできた伝統、知識、技、生きる術を教え込む中で、彼らの「生み出す力」を育むのだ。皮肉にも、大人たちは自分たちが守ってきた世界を慈しむがゆえに、愛する子どもたちにそれを教え込み、創り変えさせるのだ。

こうして、アーレントの言う世界に対する責任は、子どもに対する責任へと融合していく。世界に対する責任(古きを新しきから守ること)をまっとうするには、反対に子どもに対する責任(新しきを古きから守ること)をまっとうしなければならない。つまり、大人に課される「二重」の責任とは、「古」と「新」の間に存在する緊張の関係であり、その両端を尊重する教育のみが世界の存続を可能にするのだ。

アカウンタビリティという新自由主義的な「責任」の形

二〇一五年六月、「その学部、本当に必要？　全国立大に見直し通知、文科省」[3]という刺激的な見出しのニュースが目にとまった。同記事によれば、「文部科学省は八日、全八六の国立大学に、既存の学部などを見直すよう通知した。主に文学部や社会学部など人文社会系の学部と大学院について、社会に必要とされる人材を育てられていなければ、廃止や分野の転換の検討を求めた。国立大に投入される税金を、ニーズがある分野に集中させるのが狙い」だそうだ。記事はこう補足している。「文科省によると、自然科学系の研究は国益に直接つながる技術革新や産業振興に寄与しているが、人文社会系は成果が見えにくいという。国立大への国の補助金は計一・一兆円以上。子どもが減り、財政事情が悪化する中、大学には、「見返り」の大きい分野に力を入れさせるという考えだ」。

この背景には、少子化の流れを利用して教育予算を削減しようと狙う財務省と、それに抵抗しつつも税金に見合う確かな見返りを教育現場に要求することで自らの正当性を高めようとする文科省の権力抗争がある。国民の血税を投資しているのだから、確固たる教育成果を大学に要求し、国民の皆さまにはっきりと提示することが政府の当然の責任である――。言われてみれば、至極もっともな話だ。ただ、同じ「責任」でも、ここで使われる責任の概念は「アカウンタビリティ」というもので、前述のレスポンシビリティとは根本的に異質のものだ。それはもはや約束、期待、信頼を軸にした不確実な人間関係ではなく、「費用対効果」の確かな見返りとその要求を軸にした経済的な契約だ。先述したように、フーコーは新自由主義を、社会のあらゆる活動を経済的に分析しようとするまったく新しい価値観であったとした。それによれば、人間は、経済的合理性を行動の基準とする「起業家」であり、教育は経済的な見返りを期待して行われる付加価値的な投資と理解される。その意味でアカウンタビリティとは、新自由主義の台頭で社会のあらゆる活動が経済的に分析されるようになる中で生まれた、責任の概念の新自由主義的解釈だと私は考えている。

不信から生まれたアカウンタビリティ

もっとも「アカウンタビリティ」の教育への浸透は、今日始まったことでも、日本で始まったことでもない。アメリカでは、教育政策を専門とするハーバード大学のリチャード・エルモアらが一九九九年にすでに、「学校に対するアカウンタビリティ増加の圧力は、今どきの教育改革の特徴である」[4]と言っているし、教育哲学者のゲルト・ビースタは二〇〇九年に、「アカウンタビリティは、世界中の教育システム及び教育者らによる日々の実践の欠かせない一部となった」[5]と書いている。

今日、アカウンタビリティはレスポンシビリティの同義語のように使われているが、本来、前者には責任という意味はない。ビースタは、イギリスのニューキャッスル大学で進化精神医学を研究するブルース・チャールトンの研究に注目し、アカウンタビリティが、元々、会社等の財務諸表を意味する会計の分野でのみ使われていた専門用語だったこと、そしてそこに「責任」という意味はなかったことを指摘する。仮にあったとしても、それは、「監査可能な財務諸表を提示することが会社にとって責任のある行動」[6]というだけの貧弱な繋がりであった。

もう一つ、チャールトンはアカウンタビリティの起源である財務諸表監査の目的は、「お金の取り扱いにおけるミスや不正行為を探知し、防ぐこと」[7]だったと指摘する。レスポンシビリティが信頼に支えられた人間関係であるならば、アカウンタビリティは逆に、人的なミスや不正を防ぐために生まれた不信に起因する監査システムだったと言える。教育学という、環境に左右されやすく、評価が困難で、従来世間から信頼の薄い専門領域で、アカウンタビリティが広く導入されるようになったのは、ここに原因がある。

西欧諸国の人々が数字への絶大な信頼を寄せるようになった経緯を歴史的に検証したポーター[8]は、科学の中でも地位の低い社会科学で、その中でも特に政治家や官僚と接点が多く、自律性と信憑性に欠ける応用科学から数学的な言語の導入・拡大が始まった点に注目し、それらの分野では専門的権威の不足を仕方なく数字の客観性に訴えることで補い説得力を得ようとしたと指摘している。そして教育社会学者のデヴィッド・ラバリーは、「〔人間を主な研究対象とする〕ソフトで非常に応用的[9]」な知識を取り扱う教育学には、これらの要素がまさに当てはまり、それゆえアメリカの教育学者たちを早くから「統計に依存させてきた」[10]と指摘する。ポーターは、数字と数値化のシステムの効果を認めつつも、物理学など、自律性もあり威信の高い学術コミュニティを持つ、より「純粋」な科学であればあるほど、学者の専門的知識と経験にもとづいた人的判断が尊重される点に注目し、「人的判断を数量的規則で置き換えることは、弱さと脆さの表われ」と指摘する。[11]世間は、教育学者や教員等、教育専門家の判断よりも数値的な客観性を信じたのだ。そして皮肉なことに、専門家たちもまた、数値化や統計学の積極的な導入によって世間や官僚からの納得を得ようとしたのだ。

偏狭な「学力」観と教育の貧弱化

「アカウンタビリティは、さまざまな意味で無責任だ」。そう言ったら、あなたは驚くだろうか。PISAショックや、ゆとり教育批判などの流れを受け、今の日本では、学力調査に頼った教育評価を疑問視すれば「責任逃れだ」と批判されるような雰囲気すら漂っているが、私はあえてアカウンタビリティの支配そのものを批判したい。

私は、教育の効果が数値化できないとは思わない。ただ、そのすべてを数値化できるわけでもないし、実際に数値化できる認知能力などは、学校教育の幅広い効果のうちの一部に過ぎない。よって、それを軸に置いた学力観は偏っており、そのように偏狭な学力観にもとづいて教育政策を展開するのは無責任だ。誤解がないように言うが、評価をするなと言っているわけではない。アカウンタビリティも全面否定するわけではない。ただ、それが支配的になって費用対効果や測定可能なものだけを「教育効果」と定義した上で教育を評価すれば、学校はグローバル経済における即戦力を効率良く生産する工場、教育のプロであるはずの教育者たちは支持通りに働く労働者、教育はプログラム通りの結果を生み出す機械的な工程、若者たちは品質等級に分類された製品と化してしまうだろう。

抽出式だった全国学力テストが全員参加に戻され、学校別成績開示までもが地方自治体の意向で可能となった現在、日本の学校、自治体間で点数競争が加熱し、アメリカと似たような現象が起きつつある（もしくはすでに起きている）。単に点数を上げれば良いのだから、教えるという人間的で複雑極まりない営みは、テスト対策のテクニックでしかなくなってしまう。そして、そのテクニックを持った教員がもてはやされ、その「カリスマ」たちの教材がパッケージにされて売られ[12]、「成果」を上げた学校や自治体の取り組みが「ベストプラクティス」としてビデオやインターネットで拡散されるのだ[13]。そして、従来テスト対策に特化してきた塾が教員研修や教材開発や補習を担うようになり[14]、貴重な教育予算がどんどん民間に流れる一方で、少子化、効率化、デジタル化を理由に教員は削減されていく[15]。少人数学級制は、費用に見合うほどの効果が出ないというが、なぜ「きめ細やかな指導」の効果をテストの点数で測ろうとするのだろうか。担任と生徒たちとの信頼関係、一人ひとりの特徴やニーズを生かした学級づくりから育まれる心の成長など、ペーパーテストでは測れない少人数制の教育効果は本当にないのだろうか。もし全国学力テストの数値だけで教育評価を行うなら、もはや学校は塾と変わらなくなり、教員の代わりにロボットが使われるようになるだろう。塾とは異なる学校の存在意義は、ロボットとは違う生身の教員の存在意義はないのだろうか。

政府から教育現場への責任転嫁

二〇〇二年にアメリカで制定された「落ちこぼれ防止法」は、スタンダードとアカウンタビリティを軸とする教育改革を全米で展開した。それにより、福祉国家の下では「インプット」の問題として捉えられていた教育の平等保障は、国家が率先して社会的弱者に対する社会投資を行うことで「教育機会の格差（opportunity gap）」を解消すべきという考え方から、実際は「アウトプット」の問

2009年の全米最優秀教育長に選ばれた元アトランタ市教育長のビヴァリー・ホール．アメリカ史上最大と呼ばれる学力調査結果の組織ぐるみの不正操作で，のちに起訴された．大都市学校区の運営で彼女の右に出る者はいないと高い評価を受けていた．
（出典：Yahoo Finance. http://finance.yahoo.com/news/epic-extremely-rare-cheating-trial-153248406.html）

題であり、国家がアカウンタビリティの圧力を強めることで教育現場に「学習到達度の格差(achievement gap)」の解消を求めるべきという、新自由主義国家の非現実的な考え方へと移行させた。

この移行の過程に見られる平等保障に対するアプローチのラディカルな違いは、まさに福祉国家的な「レスポンシビリティ」から新自由主義国家的な「アカウンタビリティ」という、教育において国家が担う「責任」の在り方の転換を表している。

落ちこぼれ防止法の制定以後、州統一学力テストで定められた学力標準に到達することが教育現場のアカウンタビリティと設定され、実質、「教員の質」は生徒のテストスコアで測定されるようになった。スコアが標準に満たない学校には、州政府がメスを入れ、教員を総入れ替えする、あるいは閉校してチャータースクール(公設民営学校)として民間に運営を委託するなどの罰が与えられた。貧富の差が生む教育機会の格差を政府が無視しつつ、学習到達度の格差は教育現場の責任として教員や学校を罰するわけであるから、貧困地域からは経験豊富で優秀な教員が消え、最も経験の浅い、もしくはティーチ・フォー・アメリカなど、たった五週間の集中講座で非正規教員免許を取得したやる気のある若い講師らが、最も教育的ニーズの高い子どもたちを教えるという不幸な循環を生んでしまった。

また、アカウンタビリティと「ゼロ・トレランス」の関係も無視できない。アカウンタビリティの支配の下では成果がすべてであるのだから、そこに至るまでの過程は問題にされない。チャータースクールを中心に、問題行動のある生徒、低学力の生徒、学習障がいを抱える生徒らを、学校がゼロ・トレランスの名の下に排除し、自校の平均点を上げようとする行為が増えていった（第６章）。成果至上主義が蔓延する中、組織的な不正行為も三九州で発覚している[16]。アトランタでは四四校で、少なくとも一七八人の教員による点数操作が確認されている[17]（写真）。政府に対してアカウンタブルであろうとした結果、生徒や市民らに対するレスポンシビリティを怠るのであれば、それは本末転倒と言わざるを得ない。教育だけでなく、アカウンタビリティのプレッシャーから起こる不祥事の、他分野に股がった検証が求められている。

新自由主義の支配を支えるアカウンタビリティ

教育哲学者のビースタは、アカウンタビリティ文化の拡大によって、公共財への共通の関心で繋がる政府と市民の政治的な関係は、「公共事業の提供者である国家」と「その消費者である納税者」という、経済的な関係へと再編成されると指摘する。これは、前述の文科省による国立大学改革を見ればよくわかる。この改革に対して、私たちがどう反対しようとも、その声を届ける政治的空間はそこにはない。それは私たちが政治に参加する市民ではなく、公共事業の品質だけを気にする納税者として扱われているからだ。ビースタはアカウンタビリティを「非政治的かつ反民主主義的戦略[18]」と呼ぶ。なぜならばアカウンタビリティの支配の下、「市民」としての私たちは「形だけ」で「その実体はない[19]」からだ。

そもそも誰が、どんな基準で、いかなるタイムスパンで、何を教育の「成果」と呼び、何を「無駄」と切り捨てているのか。このように、教育などの社会の根幹をなすものの評価の在り方を問うことは、社会の在り方そのものを問うことでもあり、民主主義を支える私たち市民の責任だ。文科省担当者は「文系を減らして理系を増やすという意味ではない」と釈明するものの、実学に予算が集中し、経済的ニーズの低い、芸術、哲学、文学等からは逆に削られていくのは目に見えている。「測れないものは存在しない」という監査文化の前提[20]の下、数字にできるもの、測定可能なもの、経済効果のあるものだけを成果として評価する偏った教育観が、子どもたちが世界を学ぶことで革新の芽を育む機会を奪うのだ。滋賀大学の佐和隆光学長(当時)は、文科省が進める国立大学改革をこう懸念する。「思考力や判断力、表現力を養う人文社会系の学問は民主主義の基礎。こうした力はこれまで以上に必要になる[21]」。

第5章でも引用したが、社会運動家としても著名なチョムスキー博士はこう指摘する。「いかなる抵抗をも抑圧し得る賢い方法は、議論の範囲を制限し、その中で活気ある議論を奨励することだ[22]」。アカウンタビリティは、費用対効果の説明責任という極端に偏った責任の定義にもとづき、経済的、あるいは数量的な「客観的評価」にもとづいた狭い範囲で物事が議論されるよう制限している。その意味で、アカウンタビリティは、新自由主義の支配を支え、保障する抑圧のテクノロジーであると言っても過言ではない。

古い世代から新しい世代へ

今日、日本は目に見えないものや不確実なものを信じることのできない悲しい国になりつつある。いつ、どのような花が咲くのかもわからない不確かな状況の中、大人たちが飢えを凌いで、精一杯の教育を若者たちに託す——日本で長く語り継がれてきた長岡藩の「米百俵」の精神はどこへ行ってしまったのだろうか。

私がアーレントの理論と出会って間もなくのこと、一つ気になって調べたことがある。レスポンシビリティの隠された要素である「約束」の語源だ。日本でもよく知られているように、英語ではpromise（プロミス）という言葉を用いる。調べてみるとそれは、pro（前に）mise（送る）という二つの要素から成っていた。古い世代から新しい世代へ。レスポンシビリティという「責任」の語源から浮かび上がってくるのは、「約束」というバトンを前へ前へと繋いでいく人々の姿だった。

第8章

「プロ教師」育成の落とし穴

――「生かす」というパラダイムシフト

建築デザインに合わせて木を使うのか，それとも木を生かした建築を創造するのか……．法隆寺最後の宮大工棟梁と呼ばれた西岡常一の思想は教育に携わる者にも示唆に富んでいる．

「真に理性的な社会では、我々の中で最も優秀な者が教師になり、それ以外の者は他の仕事で我慢せざるを得ないであろう」。そう言ったのはアメリカの伝説的経営者、リー・アイアコッカ（Lee Iacocca）だ。教育関係者に限らず、この言葉に頷く人は少なくないだろう。何かと話題になるフィンランドの教育について、私は多くを知らない。ただ、同国の高校生の間で最も人気のある職業が教師だと聞いて、なんて健全な社会だろうと感心する。心から尊敬する先生に教えてもらえる子どもは幸せだ。「先生すごい！」と感じられる生徒は、その先生からスポンジのように吸収する。逆に尊敬できない教員の話には、耳を傾けることすら難しいだろう。

残念ながら、日本の現実はアイアコッカの言う「真に理性的な社会」からは程遠いことを、私は身をもって経験した。高校から大学院修士課程まで八年間におよぶアメリカ留学を経て帰国し、公立中学校教員の道を選んだ時、会う人会う人に同じことを訊かれた。

「なんで教員になったの？」

驚きとともに発せられたその言葉からは、「せっかくアメリカの大学院まで出たのに」だとか、「他にもっと良い仕事があったのに」など、「もったいない」という気持ちが感じられた。私が教職に魅了され、教師としてのアイデンティティとプライドが強くなればなるほど、自分が感じる教職の尊さと社会が教員に向ける冷ややかな眼差しとのギャップ、そして教員が不祥事を起こす時だけ「聖職なのに」とバッシングする社会の嘘に苦しむようになった。もっと社会に認めてもらいたい、教師としてのそんなコンプレックスが、自分の中に芽生えるのを感じた。「なんで教員になったの？」」。頭から離れないあの質問に、日本の教育問題が凝縮されているような気がした。教職をもっと魅力的な仕事にし、教員の社会的地位を上げる必要がある……。思えば、そんな問題意識をもって私は教員を辞め、再留学の道を選んだのだった。

教職の高度専門職化は「諸刃の剣」

二〇一五年五月一二日、第二次安倍政権が自民党内に設置した教育再生実行本部が、教員免許を国家資格にすべきという提言をした。その後に発表された教育再生実行会議の第七次提言では、国家試験ではないものの、共通試験を導入すること、そして以前から提言されていた教員インターン制度の導入が盛り込まれた。いずれにせよ、高度な専門職として教職の地位を確立する、プロの教師を育成するという名目で提起されている。本来であれば私も賛成したいところだ。しかし、逆に私はこの動きに大きな危機感を抱いている。

一番の理由は出発点となる「教師の専門性」や「プロの教師」の定義に不安があるからだ。本書で何度も強調してきたように、民主党政権下で予算削減のために抽出式に変更された全国学力テストを、安倍政権が約六〇億円もの予算を使ってあえて悉皆式に戻し、学校別の成績開示を地方自治体の判断で開示できるよう規制緩和した今、近年の世界的な教育政策の傾向である「数値による統治」が日本の教育でも広がりつつある。今の学力標準テストで弾き出される「学習到達度」をベースにした教育評価の流れの中で教職の高度化が行われた時、「プロ教師」がテストにおける生徒の点数の伸び幅で定義される可能性は極めて高く、それは教育破壊を導くことになりかねない。

教職の「専門職化」または「高度化」は聞こえが良いし、私自身がそうであったように、それを必然的に望ましい動きとして捉えがちだ。しかし、アメリカを代表する教育社会学者であるデヴィッド・ラバリーは、一九九二年の論文で、「危機に立つ国家」以降活発化していた当時の教職の専門職化運動は、資格主義と知識の体系化を通して教員の仕事の「超合理化」を招くとして次のように警告している。「教職の専門職化運動は、アメリカの教育、そしてその効果的な目的遂行に関与する教員、生徒、そして市民に対して、良い影響より悪い影響を与える可能性がある」[1]。また、リン・フェンドラー[2]は、教職の高度化そのものは良くも悪くもないが、ラバリーが指摘するような教職の超合理化などの想定外の負の側面をもたらす可能性のある「諸刃の剣」であることを指摘している。

なぜ教員はスタンダードとアカウンタビリティによる教育改革を受け入れたのか

一九八三年の「危機に立つ国家」は、アメリカ公教育の低迷とそれがもたらすであろうグローバル経済における国家の失墜をドラマチックに訴え、全米をパニックに陥れた。教員バッシングが激化し、不幸にも教員組合はその「教育危機」という結論の妥当性を問う代わりに――または真の問題である教育機会の不平等の解消を政府に求める代わりに――解決策として提示されたスタンダードとアカウンタビリティという新自由主義的な枠組みの中で、教育成果を証明することに邁進した。

ピーター・タウブマン[3]は、社会に認められたいという教員の「心理的脆さ」がそこには働いていたと指摘する。どうすれば教員に対する社会の信頼を深めることができるのだろうか。どうすれば、医者や弁護士のように、教職を高度な専門職として確立することができるだろうか。どうすれば、教育の成果を、確固たるデータとして世間に提示できるだろうか――。スタンダードとアカウンタビリティの概念が拡大する中で、学びは学力標準テストにおける点数、教えるという行為はテストの点数を上げる能力、カリキュラムは学習到達度の指針となるベンチマークというように、人間の教育は数値化できる薄っぺらい部分だけで語られるようになっていった。

プロの評価を素人に委ねることの愚かさ

本書で何度か紹介した、私が中学校教員時代に出会った恩師、小関康先生は言う。

「プロの仕事は、素人にはわからないからプロなんだ」。

たとえ職種が異なったとしても、この言葉に頷く「プロ」は多いのではないだろうか。それは、プロの仕事をアカウンタビリティで管理しようとすることの矛盾を私たちに突きつけているように思う。専門家の仕事を数値化することで誰でも彼らの仕事を「客観的に」評価できるようにする、こんな愚かなことがあるだろうか。素人にもわかるように説明する過程で、言葉にできないものや測定不能な成果は無視され、扱う素材の多様性は削ぎ落とされ、その仕事の複雑さは簡略化されるため、専門職の非専門職化という真逆の現象が起きてしまう。そして、まさにこれがアメリカの教育界で起こってきたことであり、それは教員が教育者としての魂と尊厳を手放す行為だったと言っても過言ではないかもしれない。

言葉は違うが、セオドア・ポーター(4)も似たようなことを言っている。「専門知識とは、定義上と言ってもよいかもしれないが、一握りの人間によってのみ所有されるものであり、そのようなものが教科書に載っていて誰にでも習得可能な一握りのルールに簡略化されることはあり得ない。たとえ医者が問題が肝臓にある理由を説明できないにしても、専門家の直感または判断が信頼され続けるのはそのためである(5)」。

ラバリーは、科学の中でも地位の低い社会科学で、その中でも特に政治家や官僚と接点が多く、自律性と信憑性に欠ける応用科学において数値化への強い依存が見られるというポーターの指摘を受け、次のように言っている。「主張の裏付けを数字に頼るということは、最終権限を他人に委ねることである。内的な強さと外的な尊厳に欠ける専門職だけが、身を落として数値化しなければならない(6)」。それは米教育指導カリキュラム開発連盟の会長も務めたカリフォルニア州立大学サクラメント校名誉教授のアーサー・コスタの言葉にも滲み出ている。「教育的に大事で測るのが困難だったものは、教育的に大事ではないが測定し易いものと置き換えられてしまった。だから今、我々は、学ぶ価値のないものをどれだけ上手に教えたかを測定しているのだ(7)」。

教育の数値化で得られるマクロな視点の代償

本書の「はじめに」で、私はこんなことを書いた。

思い返せば、停滞しているかのように見えた日本の教育の進むべき道を、私はアメリカの「市場型教育改革」に見出そうとしていた。入学した大学院の博士課程では、私はそれらの取り組みを積極的に学んだ。しかし市場理論のマクロな視点から教育をシンプルに見つめれば見つめるほど、「人間の教育」が簡素化され、子どもたちや先生たちの温もりが感じられなくなるような気がした。

それはまるで、地上数百メートルから教育を眺めるような感覚だった。最初はそのスケールの大きさに胸躍らせたが、次第に子どもや教員を点として遥か上空から見下ろすこと、一つひとつ異なる地域や教室に生きる人々のリアリティを無視することに違和感を覚え始めた。数値化を「距離のテクノロジー（technology of distance）」と説明したポーターは、数値化について次のように言っている。「おそらく最も重要なのは、数値と数値的操作への信頼が、詳しい知識と個人的信頼の必要性を最小限にすることだろう。数値化は、地域とコミュニティの境界を隔ててなされるコミュニケーションに最も適している(8)」。確かに数値化することで異なる地域の教育を遥か上空から見つめ、比較することが可能になった。だが、その代償として、教育の数値化は教員が生徒の癖や特徴を見抜く必要も、子どもとの日々のかかわりの中で状況に応じて専門家が判断を下す必要も奪ってしまったのだ。

一九八〇年代以降アメリカで進められてきた教職の専門職化運動は逆に悪影響を及ぼすだろうとしたラバリーの警告から一七年後、タウブマンはこのように振り返っている。「教育において起こった変容に対して我々が〝ＮＯ！〟と言うタイミングを逃したことは疑う余地がない。〔中略〕我々はどうして教育、勉強、教え、知的・創造的な営みの言語がスタンダードとアカウンタビリティの言語と実践に変わるのを許したのだろう?」[9]。本書で強調してきたように、日本がアメリカの新自由主義教育改革を後追いしていることは明白だ。だからこそ、日本の教育界が〝NO!〟と言うタイミングは、まさに今なのではないだろうか。

グローバルスタンダードに「合わせる」のではなく

日本がどれだけ小さいか、そしてその文化がどれだけ豊かで特異なものなのかは、世界に出た者にしかわからないのではないだろうか。それには島国という地理的な条件もあるだろうし、二世紀を超える鎖国という歴史的条件も関係しているだろう。日本の美意識、感性、技、秩序などの文化的要素は、世界中から尊敬され続け、日本はその国土の小ささからは想像し得ない存在感を世界で放っている。間はあいたものの、私のアメリカ生活は今年で計一五年になる。その間、他国へ赴き、文化も言葉も異なるさまざまな人々と触れ合ったが、そんな中で私が発見したのは、もしかしたら「日本」だったのかもしれない。私は強く願っている。日本には経済競争のためのグローバル・スタンダードに「合わせる」のではなく、それに対抗し得る新しい「成功」や「幸せ」の形を打ち出すことによって、グローバル・スタンダードに疑問を投げかける存在であって欲しい。

ところが、今の安倍政権はグローバル・スタンダードに合わせて日本の教育全体を最適化させ、国際競争の場において頭角を現すことに躍起になっている。第二次安倍政権下で発足し、安倍首相の私的諮問機関である教育再生実行会議は、二〇一三年五月の第三次提言[10]で、「大学のグローバル化の遅れは危機的状況」だとして、大学改革を「日本が再び世界の中で競争力を高め、輝きを取り戻す「日本再生」のための大きな柱の一つ」と位置づけ、「初等中等教育段階からグローバル化に対応した教育を充実する」ことを宣言した。そして、その半年後には、文科省が「一〇年間で世界大学ランキングトップ一〇〇に一〇校以上をランクインさせる」(国立大学改革プラン)[11]などと、国際的な存在感を高めるための具体的な計画を発表している。

その半年後の二〇一四年五月、OECDの閣僚理事会で行った基調演説[12]で、安倍首相は自らが目指す教育改革についてこんな発言をしている。「学術研究を深めるのではなく、もっと社会のニーズを見据えた、もっと実践的な、職業教育を行う。そうした新たな枠組みを、高等教育に取り込みたい」。そして文科省は、この計画を二〇一五年六月八日、全八六の国立大学に対する通知、「国立大学法人等の組織及び業務全般の見直しについて」によって実行に移した。それは教員養成系学部・大学院、法科大学院、および人文社会科学系学部・大学院を特に名指しした上で、社会のニーズに合わせた組織の見直し、廃止、もしくは社会的要請の高い分野への転換に向けた積極的な取り組みの開始を知らせる「文部科学大臣決定」であり、「機能強化に積極的に取り組む大学に対し運営費交付金を重点配分する仕組みを導入」することで決定事項を遵守させる通知だった。

社会のニーズに合わせて既存の学部編成を見直す。この言葉だけをとればもっともらしく聞こえるものの、安倍政権の新自由主義教育改革の文脈からすれば、それは学問の経済に対する服従と言っても過言ではないと同時に、裏を返せば、名指しされた人文社会系の学部と大学院等は社会に必要とされない人間を産み出しているとの指摘とも理解できる。

「生かす」というパラダイムシフト

思い出す言葉がある。最後の宮大工棟梁と呼ばれた西岡常一《つねかず》（一九〇八—九五）の言葉だ。昔の宮大工は、一本一本異なる木の癖を見抜き、それらを組み合わせることで、木を上手に、長く生かす心構えを持っており、その象徴が一三〇〇年前に建てられ、今もなお立派に立っている法隆寺だと西岡は言う。

一本一本が木の個性に合わせて仕上げられてますから、ひとつとして同じものはありません。強い木は強く、弱い木は弱いなりにうまく木の質を見抜き、それぞれを使える所に使ってます。今のようになんでも規格に合わせて、同じようにしてしまうのは、決していいことではないですな。人も木も大自然のなかで育てられますのや。

それぞれの個性を活かしてやらなくちゃいけませんな。そのためには、個性も見抜いて、のばしてやる。〔中略〕構造物は社会です。斗や皿斗《さらと》や柱は個人個人の人間ですな。それぞれが、うまく自分の力を発揮して、組み合わせられて、崩れない形のよい建物ができるわけですな。もし柱の力が強すぎたら、柱の先端が屋根から上に突きでるというようなことになり、ものになりまへんな。⑬

飛鳥時代の法隆寺や白鳳時代の薬師寺などの古代木造建築は、ただ丈夫なだけではなく美しいのだと言う。

　これらの建物の各部材には、どこにも規格にはまったものはありませんのや。千個もある斗にしても、並んだ柱にしても同じものは一本もありませんのや。よく見ましたら、それぞれが不揃いなのがわかりまっせ。どれもみんな職人が精魂を込めて造ったものです。それがあの自然のなかに美しく建ってまっしゃろ。不揃いながら調和が取れてますのや。すべてを規格品で、みんな同じものが並んでもこの美しさはできませんで。不揃いやからいいんです。

　人間も同じです。自然には一つとして同じものがないんですから、それを調和させていくのがわれわれの知恵です。[14]

西岡は強調する。癖はなにも悪いものではなく、強さであり、生命力なのだと。しかし、資本主義の発展に伴い、そのような宮大工の知恵と技はすたれていった。より速く、より安くと効率性が求められるようになり、捻れた木をまっすぐに挽く製材の技術が発達し、規格通りの建築ばかりが増えていった。

　そして逆にこんどは使いやすい木を求めてくるんですな。曲がった木はいらん。捻れた木はいらん。使えないんですからな。そうすると自然と使える木というのが少なくなってきますな。それで使えない木は悪い木や、必要のない木やというて捨ててしまいますな。これでは資源がいくらあっても足りなくなりますわ。そのうえ大工に木を見抜く力が必要なくなってくる。必要ないんですからそんな力を養うこともおませんし、ついにはなくなってしまいますな。木を扱う大工が木の性質を知らんのですから困ったことになりますわ。(15)

西岡のこの言葉は、一つのパラダイムシフトを迫っているように思えてならない。

建築デザインに合わせて木を使うのか、木を生かした建築を創造するのか。

教育に携わる人間で西岡の言葉にドキッとした人は、きっと私だけではないだろう。子どもを相手にする教員が子どもの性質を知らない時代がくるかもしれない。いや、すでにきているのかもしれない。だとしたら、社会のために子どもを使うことしか考えていない今日の教育に対しても、私たちは大きな発想の転換を求められているのではないだろうか。

ＯＥＣＤが運営するＰＩＳＡが世界中の公教育の質を測るスタンダードとして使われ、全国学力テストの結果で学校や教員の力が測られる中、日本の教育も、効率よく、規格通りの生徒を生み出してはいないだろうか。大人や社会にとって使いやすい子どもだけが相手にされ、「癖のある子」、「標準」に満たない子どもが排除される傾向はないだろうか。

前章で述べたように、ハンナ・アーレントは、すべての子どもたちは大人にはない「生み出す力（natality）」を持って生まれてくると言う。それは新たな始まりと、大人には想像し得ない新しい世界を彼らが創造する可能性を示唆している。しかし、今日に生きる私たち大人は、子どもたちが持つ革新の要素を生かすどころか、大人たちがつくりあげた「グローバル経済」に子どもたちを最適化させることに躍起になっている。それはアメリカ同様、日本も同じだ。

自殺や引きこもりをする人が後を絶たない日本において、今最も求められているのは、すでに病んでいる社会のニーズに合った人間を育てることや、「一億総活躍」の号令の下に「戦後最大のＧＤＰ六〇〇兆円」を目指して、人々をグローバル・スタンダードに合わせて最適化させることではなく、子どももそれぞれの特性を生かし紡ぎ合わせることで唯一無二の国づくりをするという発想の転換なのではないだろうか。そして、日本の教育に求められているのは、子ども一人ひとりの癖を見抜き、生かすことのできる「プロ」の教師を育成することなのではないだろうか。

第9章

シカゴ教員組合ストライキ

——組合改革から公教育の「公」を取り戻す市民運動へ

ストライキ前に行われたシカゴ教員組合の決起集会には，4000 人の教員らが集まった．観客席は組合のテーマカラーである赤のＴシャツを着た教員で埋め尽くされている．2012 年 5 月 23 日．
（出典：Teacher Activist Group. http://www.teacheractivistgroups.org/wp-content/uploads/2012/08/CTU.collage1.jpg）

「本日、市内の教員組合が一斉ストライキに入りました。それに伴い、市内の小・中・高すべての公立学校がストの間、閉鎖されることになりました」。

ある朝こんなニュースがテレビで流れたら、あなたはどう思うだろうか。元中学校教員である私でも「とんでもない」、「子どもたちはどうなるんだ」、「仕事を持つ親たちはどうするんだ」と思うだろう。しかし、もしそのニュースが「初日である今日は、ストを支持する多くの学生、保護者、その他の市民らが朝早くからそれぞれの学校に集まり、教職員らと共に、より良い教育を求めるデモを行いました」と続けたら、あなたは驚くのではないだろうか。二〇一二年九月にシカゴで起きた教員組合ストは、そんな不思議な出来事だった。普段は保守的な世論調査機関でさえ、シカゴ市民の五五%、そしてストによって最も迷惑を被るはずの親に関してはさらに高い六六%が教員らの決断を支持し、大きな市民運動となって勝利を勝ち取ったのだ。(1)

リーマン・ショックから二年、不景気対策でなかなか結果を出せないオバマ政権に対して、共和党は二〇一〇年の中間選挙で凄まじい巻き返しにより、多くの州の政権を奪還した。彼らは「財政危機」を利用して、公的部門の緊縮財政、民営化、規制緩和という教科書通りの新自由主義政策を全米各地で進めた。莫大な予算を要する公教育には特に批判が集中し、教員の待遇の大幅な見直しが進み、教員組合の弱体化を狙う政策が各地で展開された。シカゴも例外ではなく、教員組合がストを行うには全組合員の七五%以上が賛成票を投じることを規定した法案が州政府で可決されたばかりで、ストを行うことはほぼ不可能になったと言われていた。シカゴ教員組合が二五年ぶりのストライキに踏み切ったというニュースが全米に衝撃を与えたのは、教員にとって厳しい風が吹いていたそんな時だった。

シカゴといえば、生徒数四〇万人を超える全米第三の学校区であり、シカゴ教員組合も二万七〇〇〇人のメンバーを誇る一大組織だ。万が一、それだけの教員を束ねてストにこぎつけたとしても、そのように大規模なストを行えば市全体をパニックに陥れ、逆に市民らの反感を買っても不思議ではなかった。実際に、一九八〇年代に三度にわたり行われた教員組合ストは、市民らの反感を買い、特に一九八七年のストは親を怒らせ、地域団体が公教育における覇権を狙っていたビジネスエリートたちと連合を組むという、教員組合にとって予期せぬ逆効果をもたらした歴史がある[2]。二〇一二年のシカゴで一体何が起こったのだろうか。

なぜシカゴだったのか

抑圧が強ければ強いほど、それへの反発も強くなる。新自由主義を世界に広めたとされるミルトン・フリードマンとシカゴ学派ゆかりの地が、新自由主義教育改革に対するレジスタンスの拠点となったことは必然だったのかもしれない。シカゴは一九九五年、全米で先駆的に「mayoral control（市長直轄管理）」を実施した都市の一つで、公選制から市長による任命制へと変えられた教育委員会にはビジネスリーダーらが並び、早くから市場原理による公教育「改革」を進めてきた。教育長も「ＣＥＯ（最高経営責任者）」と肩書きを改められ、二〇〇一年から二〇〇九年までシカゴ学校区のCEOを務めたのが、前連邦教育省長官(二〇〇九〜二〇一五)であるアーン・ダンカンだ。彼がシカゴの「Renaissance 2010」という教育プランで実践してきた「ターンアラウンドモデル」(テストの成績の悪い学校は容赦なく閉校して新しい公設民営学校をつくるか、教員の総入れ替えをするなどの大胆な再建手法)は、のちにオバマ政権の目玉教育政策である「頂点への競争資金」プログラムにも取り入れられ、全国展開された。ちなみに、シカゴ有数の企業のみが所属できるシカゴ商業クラブ(The Commercial Club of Chicago)によってつくられた[3]「Renaissance 2010」は、元々「教育」プランとは言い難く、ハリケーン・カトリーナ後のニューオーリンズの公教育民営化に詳しい教育学者、ケネス・ソルトマンはそれを「公教育に「市場」をつくるための民営化計画[4]」と呼んでいる。ダンカンがシカゴを去った翌年、今度はオバマ大統領主席補佐官であったラーム・エマニュエルがシカゴ市長に当選し、前市長の下でダンカンが進めてきた市場原理を軸にした教育改革を継承した。

繰り返し行われる大幅な予算カット、学校内の図書館や各種事業の閉鎖、学級生徒数の増加、教科書不足――そのような過酷な状況下でシカゴの公立学校は生存競争を強いられ、二〇〇四年から二〇一一年までの間に、実に一〇〇校近い公立学校が閉鎖され、八五の公設民営校(チャータースクール)が代わりにオープンした。学校閉鎖のたびに教員の一斉解雇が行われ、職を失った多くの教員は非組合員として公設民営校に悪条件で再雇用され、教員組合は弱体化していった。これらの状況を見ても、アメリカの新自由主義教育改革の縮図がシカゴにあると言っても過言ではない。

教員たちが掲げた新たな教員組合のビジョン

シカゴ教員組合がストを行った際、主要メディアのほとんどは表面的な分析しかせずに、自分たちの賃金しか考えない教員らの身勝手な行為として、ストを痛烈に批判した。関連文献も、その多くがストだけに焦点を当てる中、一九七〇年代後半から組合活動家らの声を全米に発信し続けているオンライン・ジャーナル「Labor Notes」が、*How to Jump-Start Your Union*（あなたの組合を活性化させる方法）という、シカゴ教員組合がストに至るまでの四年間の教員たちによる運動の過程と彼らの声を記録した貴重な本を出版している。⑤ それを分析すると、幾つかの重要なポイントが見えてくる。

一つは、シカゴ教員組合のストは、従来の「労働組合」から教育的正義を求める「教育者の集団」への変容を図った教員組合改革の結晶であったこと。また、ストに至る過程を通して、市政府における権力の集中と非民主的な教育運営に光が当てられ、政治や社会の在り方そのものが問われたこと。シカゴ教員組合が教育問題をきっかけに、教育の市場化と民営化の弊害に対する人々の意識を高め、市民運動を起こし、世論を動かしたこと。そして、最後に、失われつつあった公教育の「公」とは何か、「教育」とは何かを問い直すことで、公教育の再定義を行ったことだ。

シカゴ教員組合ストは一夜にして起こったものではなく、四年の歳月をかけた改革の結晶だった。次々と閉鎖されていく学校を前に、何もしようとしなかった組合に代わり、学校を守ろうと一部の教員が立ち上がったことがその発端だった。そのうちの一人はこう語る。「私たちの組合は、経営側との妥協と利敵協力という、過去数十年ほとんどの労働組合が陥ったのと同じ罠にはまっていたのです。基本的な雇用保障を守り、些細な昇給の流れは保ちましたが、公立学校の破壊を食い止めることは十分できていませんでした」[6]。

最初はたった八人の読書サークルだった。彼らは、ナオミ・クラインの『ショック・ドクトリン』を読み、シカゴ市長を取り巻くビジネスリーダーらが展開する大規模な学校閉鎖が、教育プランではなく、仮想の「財政危機」を利用した不動産プランであることに気づいたという[7]。映画上映会を主催し、さまざまな議論の場を設け、メンバーの共通理解を深めた彼らは、学校閉鎖に関するドキュメンタリービデオも自主制作し、その過程で多くの同志を見つけた。

二〇〇八年、彼らはシカゴ教員組合の内部に、Caucus of the Rank-and-file Educators（一般教師の会派、通称CORE）という現場職員の声となるグループをつくった。彼らは、教育委員会の会合や、学校閉鎖や新しい公設民営校開校に関するあらゆる公聴会に顔を出し、学校閉鎖反対の声を上げた。また、閉鎖リストに載った学校に出向き、そこの教員、生徒、親と話し合い、彼らが自分たちの学校の中で反対運動を起こせるようにさまざまな支援をした。会合で声を上げ、COREのメンバーであることを名乗るうちに知名度が高まり、自然に人が集まってきた。CORE発足の半年後には、保護者グループ、ヒスパニック系コミュニティ、教員サークル、地域活動家団体など、複数の市民団体と連携し、Grassroots Education Movement（草の根教育運動、通称GEM）を立ち上げた。翌年、GEMの支援を受けてCOREが主催した教育サミットには、猛吹雪にもかかわらず、教員、生徒、親、地域住民を含め、八一校を代表する五〇〇人もの参加者があった。

次第に、CORE主催の討論会等にシカゴ教員組合長も顔を出すようになり、「これで組合が変わる」とCOREのメンバーたちは喜んだそうだ。しかし、期待した変化が見られなかった時、彼らは選挙で組合の主導権を奪い取る方向へと舵を切った。戦略の軸は、「一つでも多くの学校に活動的なメンバーを持つ、強く、独立した組合グループをつくる」[8]という非常にシンプルなものだった。しかし、本来なら組合がやるべき仕事を率先して担ってきた彼らは、教科書が不足している学校に未使用の教科書が行き渡るよう支援するなどの、各学校のニーズにもとづいた活動を続ける中で教員たちの信頼を勝ち得ていった。発足から二年後、COREはついにシカゴ教員組合の完全な主導権を握った。

新しい教員組合の形

COREE指導部の一人は振り返る。「二〇一〇年にCOREがシカゴ教員組合の主導権を握った時、私たちは教育的正義のための運動を引っ張る組織になるという仕事を請け負ったのです。組合は二万七〇〇〇のメンバーの声を集めることで、世論を変えなければならなかったのです」[9]。COREがシカゴ教員組合のリーダーシップを取って最初にしたこと、それは組合役員らの特別手当を回収し、そのお金で教育学者らを招いて研究部を設立すること、そして人々をまとめ、運動を組織することに専念するオーガナイザーらを雇うことだった。教育学者の立場から二〇一二年のシカゴ教員ストを検証したニュネスらはこのように分析している。「シカゴ教員組合は、COREの下で、ビジネスをモデルにして組合員を消費者と見なす「サービス型組合」から離れ、集団的な行動を可能にする団結力を組織の強さの源とする「社会組織型組合」へと移行していった[10]」。二年後に迫る市との契約交渉を視野に入れ、オーガナイザーたちは運動を組織するためのノウハウを組合員に教

ストライキ前に行われた教師らによるデモ行進．組合改革を率いたCOREの旗も見える．2012年5月23日．
（出典：Labor Notesのウェブサイト．http://www.labornotes.org/2014/02/book-excerpt-campaigning-union-office）

え、夏休みにはインターンシップを設けて運動を組織するリーダーを育成した。

研究部の設立も効果的だった。それは、教員らを教育し、組合の活動に学問的な根拠を与え、市長側が展開する主張を論駁し、反撃に打って出ることを可能にした。

例えば、「財政危機」を理由に大規模な学校閉鎖を毎年のように迫る市長に対し、研究部はそれが民営化によって創り出されたものであること、学校閉鎖が予算の節約にはならないこと、そして学校閉鎖が歴史的にアフリカ系アメリカ人の生徒や教員たちに偏った犠牲を強いてきたことなどを提示した。特に、学校閉鎖を「教育的アパルトヘイト」と呼び、公教育の市場化と構造的人種差別の密接な関係を指摘したことは、市長が進める新自由主義教育政策の負の側面を世間に広めるという点で効果的だった。実際、二〇〇一年以降、学校閉鎖と学校再建プランのしわ寄せを受けた生徒の八八%はアフリカ系アメリカ人で、二〇〇〇年にシカゴ学校区の教員の四一%を占めていたアフリカ系アメリカ人は、相次ぐ教員解雇で二〇一五年には二五％まで減っていたことがわかった。

このようにしてシカゴ教員組合は、教育を通して新自由主義の全体像を人々に提示することで、教員に向けられた世間の批判の矛先を、社会を支配する一％の富裕層へと導いていったのだ。

公教育の「公」を取り戻す市民運動へ

新たな指導部の下、シカゴ教員組合は、COREがそれまで培ってきた市民団体らとの関係を、組合内部に地域理事会を設立することで正式化した。「私たちは、地域の人々の意見が教育の運営に反映されるように、シカゴに運動を起こそうとしてるんだ」[11]。指導部の一人の言葉通り、組合は約一五の市民団体で発足した地域理事会とともに、新たな市教育長選考における発言権、そして市教委を市長任命制から公選制に戻すことを求めるキャンペーンを展開した。

先述の通り、シカゴでは一九九五年の市長直轄管理実施以来、市長が教育長および七名の教育委員を選んできた。COREが組合の主導権を握った二〇一〇年に辞任した教育長を含め、以前の三人は皆ビジネス界出身で、教育委員もホテル王の末裔や銀行重役、シカゴ商品取引所の所長等、シカゴの公立学校に自身の子どもを送らないビジネス界の要人だった[12]。どちらのキャンペーンも拘束力のない象徴的なものであったが、特に「市教委を公選制に」という住民投票では市民の圧倒的支持を得たため、それが無視されることで、権力の集中による民主主義の欠如が可視化される結果になった。以降、組合のストは公教育の「公」を取り戻す運動、もっと言えば、見えない所で動いていた政治を、地域そして人々の手に取り戻す運動へと発展していったのだ。

二〇一二年二月、労働契約をめぐって市との集団交渉が始まる中、組合は「シカゴの生徒たちにふさわしい学校[13]」という、シカゴの教育のあるべき姿を描いたマニフェストを発行した。そのマニフェストは、教員たちに共通のビジョンを与えるとともに、保護者等に広く配布され、メディアでも報じられた。半年後の教員組合ストでは、保護者はただ単に子どもの先生たちを応援しているわけではなかった。彼らは、教員と「肩を並べて、学級規模の縮小、学校資源の増加、テスト偏重主義の改正、人種的平等などの共通の要求を目指して闘っていたのだ[14]」。一人の地域活動家は次のように分析している。「親たちは、彼らの学校が破壊されるのを先生たちが阻止しようとしているのを知っていたから、彼らと一緒に立ち上がったんだ[15]」。

世論は動いた。シカゴの人々の意識は変わり、教育問題の根源として教員に批判が集中するアメリカで、シカゴの教員組合だけは、「公衆のために公教育を守ろうとする教育者の集団」として特別な信頼を得たのだ。

ストの概要

二〇一二年九月一〇日。前夜まで続けられていた市との集団交渉が決裂したシカゴ教員組合は、新年度初日にストに踏み切った。主要メディアは、概して教員らが給与と待遇の改善を求めてストを決断したと極めて表面的な報道をした。実は、組合側は、一九九五年の法改正によって、集団交渉の場において交渉できるのは給与とその他待遇のみと限定されていたため、ストを切り札にその二項目で譲らないことでしか、交渉項目の拡大を市から引き出すことはできなかったのだ。実際に、交渉過程で組合側は、交渉仲裁人から提案された実に一五％もの昇給の提案を、「我々が懸念している教育問題と向き合っていない[16]」として却下している。

二万七〇〇〇人の教員を中心に、土日を挟み九日間にもおよび、週末の集会には、教育以外のさまざまな労働組合だけでなく、近隣の州からも賛同者が参加したシカゴ教員組合ストは、最終的に市からさまざまな譲歩を引き出して終結した。それは全生徒分の教科書配布の保障、教員の能力給制度導入案の完全撤回、テストの点数が教員評価において占める割合を二五％以内に制限すること、学校閉鎖から生じる教員解雇の解消と再雇用、黒人とヒスパニック系アメリカ人教員の雇用拡大、教員が授業計画を自ら立てる権利などを含んでいる[17]。

大人たちの民主的市民としての覚醒

アメリカでは現在、教員組合の改革運動が活性化している。COREの動きに触発された全国二〇の地方教員組合の現場教職員のグループが「United Caucuses of Rank-and-File Educators（一般教師の会派連合、通称UCORE）」を組織し、組合を中から変え、新自由主義教育改革に対抗する市民運動をつくろうと、ノウハウやその他のリソースを共有し合っており、今後も注目が必要だ。教員組合は一般市民にとっては労働組合としてのイメージが強いので、子どものため、教育的正義のために、親や地域と一緒になって尽力する、教育の専門家集団としてリブランディングするメリットは大きい。しかし、人々が集まって初めて組織ができるのであり、組織が先にくるのではない。まずは意識の高い教員たちが集まり、教員組合の在り方、公教育の在り方、そして社会の在り方について学び合い、問い直すことから始める——。シカゴ教員組合の取り組みは、教育改革のそんな一つの形を示してくれているように思う。

本書で私がこだわってきたことがいくつかある。その一つは、社会の大きな流れの中で、アメリカ公教育の崩壊を捉えること。ここまで、アメリカの新自由主義教育改革のモザイク画を描くつもりで、いくつかの象徴的な事例に光を当て、とどまる所を知らない新自由主義のロジックの展開を分析してきた。しかし、それらはすべて、社会を取り巻く潮流の教育的な症状に過ぎず、真の問題は新自由主義という潮流そのものにあると思っている。よって、それら一つひとつを教育学という狭い枠の中で診断することは応急措置に過ぎず、また学力標準テストの点数にもとづく「学力」観を無批判に受け入れ、教育的効果を分析することは逆に危険でさえあると訴えてきた。もう一つは、フランスの哲学者ミシェル・フーコー的な権力の理解であり、新自由主義の世界観を内在化し、それに従って自分たちの言動を統治し、日々忠実に新自由主義の「小さな政府」を支えているのは私たち自身だということだ。

そう考えると、新自由主義の対抗軸の探求における指針も見えてくる。まずは教育問題を一つの「窓口」として、政治や社会の在り方そのものを問い直す必要があること。将来、私たちの社会を担っていく子どもたちの教育と彼らの幸せは、人と人とを結びつける最適なテーマの一つでもある。シカゴ教員組合ストはそれを証明し、新自由主義における公的事業の市場化を可能にする権力の集中と民主主義の崩壊[18]、権力が無視し続ける公衆を一堂に束ね、彼らの声を大音量で権力に突きつけることで可視化させた。その点は、ストの前年に起こった「ウォール街占拠運動」を彷彿させる。

ポスト構造主義思想家として著名なジュディス・バトラーは、「ウォール街占拠運動」の肉体的な側面に注目している。彼女はその運動に自分自身も参加し、次のように述べている。「私たちはただ経済的な正義と社会的平等を求めているんじゃない。私たちは公共の場に集い、肉体の群団として通りや広場に集まり、団結し、民主主義をつくり、「我ら人民」という言葉に命を吹き込んでいるのだ[19]」。

そう考えると、もしストが惨めな結果に終っていたら、それはシカゴにおける民主主義の死を意味していたかもしれない。ストが起こった時、教員たちの決断に賛同したヘンリー・ジルーが、「この闘いはアメリカの公教育の運命だけでなく、民主主義の運命をも占っている」と言ったのは、決して大袈裟ではなかった。彼はこうも言っている。「民主主義の存続に欠かせないのは、公共圏としての公教育を守ろうとする争いだ。重要な社会・経済的指針から見て健全な民主社会とは、教養の高い社会でもある。その自明の理は、教育を商業的で、民営化・商品化された権利ではなく、公共財として守るべき根拠として理解され、受け入れられなければならない[20]」。

一つの教育政策で新自由主義をひっくり返すことはできないが、教育を通した社会運動を通じて人々の意識を変え、社会の潮流を少しでも変えることはできる。そしてそのためには、子どもの教育という狭い枠組みを超え、「公教育」をより幅広い「公衆の教育」と再定義することで、社会全体に働きかけていく必要があるのではないだろうか。カリキュラム論の権威、ウィリアム・パイナーは次のように述べている。「アメリカの公衆を教育するという試練――もちろん、それこそが「公教育」という事業なのだが――は、我々が、子どもたちだけでなく、その親、地域の人たち、聞く耳を持つすべての人々に教えることを求めている。授業の鐘が鳴り、生徒たちが教室を去った後も、何が何でも、我々は教え続けなければならない。私たちは、自分自身の知的生活とアメリカの公共圏の教育を再構築することへの献身の姿勢を新たにしなければならない[21]」。

このような考えは、大人や教育者たちに多くの疑問を投げかけている。私たち大人は、子どもたちの教育を意識するあまり、私たち自身を教育することの必要性を忘れてはいないだろうか。教育に携わる者は、学問の自由と教育の公共性を守るために、どれだけの意識を持って親やその他市民らと接しているだろうか。新自由主義が社会のあらゆる側面を支配し、民主主義を蝕む中、教育改革の真の意義は、子どもたちの教育を考えることを通して生じる、大人たちの民主的市民としての覚醒にあるのではないだろうか。

第10章

立ち上がったアメリカの人々

2013年4月ワシントンDC,「連邦教育省を占拠せよ!」.教育者や教育学者らのコラボで生まれた取り組み(Occupy DOE).筆者もスピーカーの一人として参加した.
(出典:Nation Magazine, April 9, 2013. http://www.thenation.com/wp-content/uploads/2015/03/Occupy_DOE_March_1_img2.gif)

アメリカにとってのシカゴがそうであったように、アメリカが世界における新自由主義抵抗運動のグラウンド・ゼロなのかもしれない。アメリカにおける新自由主義は日本と比べて歴史も古く、遥かに成熟している。その反面、それに反対する市民らの抵抗運動という点でも目を見張るものがあり、この数年、アメリカ社会の潮流が少しずつ変わってきているのを私は肌で感じてきた。

本章でその抵抗運動のすべてをカバーすることは到底できないが、その中で幾つかの運動にスポットライトを当ててみたい。それらの運動からは、声を失った親や教育者らが新自由主義の歯車になることを拒絶し、市民である自分たちの手に教育と政治を取り戻そうと格闘する姿が見えてくる。

親たちによるテストオプトアウト運動

「オプトアウト(Opt Out)」とは、日本人にはまだ耳慣れない言葉かもしれないが、簡単に言えば「~しないことを選択する」という意味だ。本来は個人情報の第三者提供を拒否する時などによく使われるこの言葉だが、近年アメリカでは、学力標準テストをボイコットするという意味で使われるようになった。もちろん、テストを受けないのは子どもたちなのだが、その運動をリードしているのは親たちだ。

これは比較的新しい動きで、メディアで取り上げ始められたのは二〇一二年頃のこと。子どもにテストを受けさせたくない親たちがフェイスブックやその他のソーシャル・メディアを通して集まり始めたのが発端だった。次第にその輪が広まり、全米各地でオプトアウトの団体が発足した。中でも私の地元ニューヨークではこの運動が急速に広まり、二〇一二年度にテストをオプトアウトした生徒は約二万人だったが、二〇一三年度には約六万五〇〇〇人、そして二〇一四年度には実に二四万人以上にまで膨れ上がった。二〇一四年度に全米でテストをオプトアウトした生徒はおよそ五〇万人だったことを考えると、その約半数をニューヨークが占めたことになる[1]。

では、なぜ親は子どもにテストを受けさせたくないのだろうか。その理由はさまざまだ。例えば、オプトアウト運動初期にあたる二〇一二年の『ニューヨークタイムス』の記事で一人の母親はこう説明している。

学校にはテストを先生の指導向上のため、子どもたちが分数をわかっているかどうかを知るために使って欲しいんです。自分のテストの点数で先生が仕事を失うかもしれないなんて子どもに思って欲しくないんです。

オプトアウト運動は、しばしば「反テスト運動」との誤ったレッテルを貼られがちなため、これは押さえておきたいポイントだ。つまりこの親は、何もテストそのものに反対しているわけではない。子どもの点数で学校や先生を評価するという、テストの使われ方に反対しているわけだ。それもそのはず、二〇一二年二月には、ニューヨーク市教育局が学力標準テストのみにもとづいた一万八〇〇〇人の公立学校教師らのランキングを開示したばかりで、『ニューヨークタイムス』をはじ

2014 年 2 月，泣きながら宿題をする女の子の写真がソーシャル・メディアを駆け巡り，話題となった．写真には「私は写真家です．これは私の娘……そしてこれは彼女を写して私が嫌いな初めての写真です」と添えられていた．この写真が人々の共感を呼んだのは，テスト至上主義の台頭と共に急増した宿題が背景にある．私自身の娘も幼稚園年長に進級すると，学校から毎日英語や算数のドリルを宿題として持って帰ってくる始末で，先生と掛け合って免除してもらった経験がある．
（出典：http://eagnews.org/common-cores-impact-the-first-picture-of-my-daughter-i-ever-hated/）

めとする主要メディアがそれを報じたばかりだった。生徒のテストの点数にもとづく教員評価の開示は、ロサンジェルス市に続いてニューヨーク市が全米二番目②であり、オバマ政権の「頂点への競争資金」への参加資格にも盛り込まれたように、国レベルでも教員や学校評価を生徒の標準テストの点数と結びつけようとしてきた背景がある。

親たちはさまざまな理由で子どもにテストを受けさせないことを選択しているが、その中でも一番多いのが、テストとその準備に費やされる時間があまりにも長い、そして子どもに過度なストレスがかかっているということだろう。

二〇一五年の世論調査③によれば、六四％のアメリカ人が「テストすることに重点が置かれ過ぎている」と感じており、学力標準テストは学校の効果(school effectiveness)を測るのに「とても重要」と答えたのは一四%のみ、公立学校に子どもを通わせる親の六六%がテストの点数で教員評価を行うことに反対している。その他にも、テスト教科(国・数・理)以外の教科の時間が削られている、障がいを抱える子や貧しく教育予算に乏しい地域の子どもにとって不利である、テストに貴重な教育予算をかけすぎなど、オプトアウトの理由は多岐にわたっている。

ちなみに、私自身もずっとオプトアウト運動を支持してきたし、長女が三年生になった二〇一六年(ニューヨーク州の小学校では三年生から最上級生である五年生までが州の統一学力テストを受ける)は、当事者として参加し、娘たちの学校でその運動を盛り上げることに尽力した[4]。

ニューヨーク州ロングアイランドの親たちが作ったオプトアウトの屋外広告.テストを減らして先生たちの教える時間を確保するように訴えている.これがどんな使われ方をしたかというと…….
(出典:https://pbs.twimg.com/media/CdW8rRsWEAEVYql.jpg)

私がこの運動を支持する理由は大きく分けて二つある。ここまで読んでくださった読者の方々にとってそれは、ある程度予想のつくものではないだろうか。まずは新自由主義教育改革がアメリカ公教育最大の課題と設定してきた人種間もしくは階層間の「学力差(achievement gap)」という議論の枠組みから脱却しなくてはならないと思うからだ。「危機に立つ国家」以降、アメリカではいかにこの「学力差」を埋め

→トラック用の広告だった.
(出典：親たちのオプトアウト運動を支持する地元の教員組合のウェブサイト. https://thepjsta.org/2015/02/13/mobile-billboard-hit-long-island-streets/)

るかという枠組みの中で活発な議論が行われてきた。

しかし、この議論の枠組みこそを問うべきだ。スタンダードとアカウンタビリティ主体の新自由主義教育政策によってこの「学力差」を縮めようとすればするほど、人々の意識は学校、教師、生徒たちによる教育成果(アウトプット)だけに集中し、逆にインプット、つまり教育を行うための教育予算やインフラ、そしてそれを蝕む貧困や人種問題などの構造的差別の問題が棚上げされる政治環境を許してきた。

さらには、「自己責任」という政府にとって非常に都合の良い概念と「平等な競争」という幻想の中で、結果責任を果たせない学校のパフォーマンスの低さと非効率性こそが問題であるとして、貧困地域の学校が閉鎖され、教員が一斉解雇されるなどの「罰」が下されてきたのだ。

新自由主義教育改革は、しばしば「データ主導型教育改革」と呼ばれる。そして、その「データ」を成すのが学力標準テストの点数に他ならない。

オプトアウト運動の活動家の間で合言葉として使われる言葉がある。

"Don't feed the testing beast. Starve the beast!"

(テスト怪獣に餌を与えるな。怪獣を飢えさせろ！)

学力標準テストの点数がさまざまな新自由主義教育改革の根拠となるデータを成しているのならば、そのデータを私たちが提供しなければよいのだ。

この運動に対する批判の中には、テストのボイコットは真の問題から逃げることであり、その解決にはならないという意見があるが、私はそうは思わない。それは、テストのボイコットは個人が民主的な市民としての主体性を取り戻すことに繋がると考えるからであり、それがこの運動を私が支持する二つ目の理由だ。第3章で述べたように、新自由主義教育改革は、子どもたちを単なる点数と見なし市場原理に委ねることで、彼らの教育に関するさまざまな政治的決断に親やその他の市民たちが介入する民主的スペースを奪ってしまう。だから、親が子どもにテストを受けさせないことでデータそのものを提供しないことが、これらの「改革」に待ったをかけ、より根源的な教育の問いを社会に投げかける効果的な手段となると私は思っている。私たちはいったい何をもって子どもたちの「学力」と呼ぶのか。「自己責任」の追及の影に隠された政府の責任とは何なのか。私たちは公教育に何を求めているのか。

教師たちによる抵抗運動

新自由主義教育改革に対して声を上げ始めたのは親だけではない。教師たちも、さまざまな形で政治に介入し始めている。前章で述べた通り、地方教員組合を内部から改革して組織力で新自由主義教育改革に抵抗しようとする運動に関しては、シカゴを発端にニューヨークやシアトル等の大都市、そしてマサチューセッツ州やミネソタ州全域に拡大している。

ハワイでは、ストライキに踏み切る代わりに、教師たちが連帯して、労働契約で決められた範囲の仕事しかしない(例えば午前八時に出勤し午後三時に学校を出るなどする)ことで、教育予算不足や契約範囲外で教師たちが要求されている労働の実情を訴えるというユニークな取り組みも見られる。[5]

一九四七年に制定された州法によって警察や教員等の公務員によるストライキが違法とされてきたミシガン州のデトロイトでは、教員たちが組合の力を借りずに行政に対して声を上げている。二〇一六年一月には、教員たちが一斉に病休を取ること(sick-out と呼ばれる)で、民営化で人為的につくり出された「教育財政危機」によって放置されてきた劣悪な教育環境の改善を訴えた。[6] デトロイト中の校舎では雨漏り、カビ、ねずみの被害が拡大しているという。そして五月には、夏季休暇中の教員の給料をカットすることで「財政危機」の穴を埋めるという行政の決定に対して、教員らが sick-out を展開し、約一〇〇校あるうちの九七校が臨時休校となったばかりだ。[7]

それに加えて、アメリカの教員組合解体の手段として利用されてきたチャータースクールの教員たちが、逆に教員組合に加盟するという、以前では考えられなかった現象も見られるようになってきた。[8]

近年顕著に見られるもう一つの現象は、評価の高いベテラン教師らによる辞意表明の公表だ。それがブログや You Tube などのソーシャル・メディアで拡散され、マスメディアで取り上げられるなどして、新自由主義教育改革に対する教師たちの警告が世間で注目されている。例えば二〇一三年に『ワシントンポスト』が紹介した二七年のキャリアを持つニューヨークのある教師は、辞意表明の中で、教育現場ではいかに想像力、学問の自由、教師の自律性、試行錯誤やイノベーションなどが失われ、教育がつまらないものになっているかを綴り、多くの人々の共感を呼んだ。彼は最後にこのように書いている。

このようなことを書いているうちに気づいたこと。それは、私が教師の職を去るのではなく、教師という仕事が私を去って行ったということです。それはもはや存在しないのです。(9)

コロラド州のある教師は辞意表明の中で、「今の教育システムは、子どもたちが自分たちのユニークな才能を見つける手助けをするのではなく、彼らの足りない部分を見つけて罰している」と、「落ちこぼれ防止法」以降のテストをして生徒を罰する(test-and-punish)システムを批判する。「私は、もはや教師として私がすべきことと正反対のことをし続けるシステムの一部となることはできません(10)」。

また、教育学の博士号を持つフロリダの教師は、近年では幼稚園児までもがコンピュータで学力標準テストを受けているという状況などを嘆いてフェイスブックで辞意表明したところ、それがメディアを通して全米を駆け巡り、しまいにはオバマ大統領が「テストを削減する」と言うビデオメッセージを出す事態にまでなった(11)。彼女は教育委員会宛に書いた辞表で次のように述べている。

「私の修士号の研究は行動障害についてだったので、子どもたちに障害があるのではないと自信を持って言えます。〔中略〕研究結果にもとづいた有意義な方法で生徒を教える代わりに、極めて不適切なテストの点数を重視するシステムにこそ障害があるのです(12)」。

中には、失職のリスクを冒して、学力標準テストを監督することを拒否する教師たちもいる。二〇一三年、シアトルのガーフィールド高校（公立高校）の教師が一致団結して市の統一学力テストの監督を拒否したというニュースがアメリカの教育界に衝撃を与えた。教師たちは、テストがカリキュラムに沿っていないこと、英語でのコミュニケーションに支障のある移民の子、特別支援教育を受けている子、家にコンピュータがないために操作に慣れていない子たちにとって不利であること、テストがあまりにも多く十分な授業時間が確保できないこと、テスト作成会社の警告を無視して教育委員会がテストの点数で教員評価をしていること、テスト導入の過程で元教育長とテスト会社との癒着が発覚していたことなどをボイコットの理由として挙げている。⑬教師たちのこの行動は、生徒や保護者らの多大な支援を受けて近隣の学校の教師に広がり、四カ月後にはとうとうシアトル市がそのテストを廃止するという勝利を勝ち取った。

その翌年には、シカゴ⑭やニューヨーク⑮でも教師によるテスト監督ボイコット運動が展開された。シカゴのボイコット運動を支持したシカゴ教員組合のメンバーは次のように説明している。「先生たちがボイコットを決める投票をするよりも前に、すでにほとんどの生徒たちがオプトアウトしていたのです。だから先生たちが単独でやったのではなく、コミュニティ全体による努力だったのです⑯」。

二〇一四年、同僚の小学校教師二人とニューヨーク州統一テストの監督をボイコットし⑰、「良心ある教師たち」という新自由主義教育改革に反対する教師たちのネットワーク⑱を立ち上げたジア・リーは、「落ちこぼれ防止法」再改定に向けた議論の証言者として、連邦政府の上院健康教育労働年金委員会に招かれた。国の中枢にいる政治家たちを前に、彼女は教育の専門家という立場から、今後一切テスト監督をしないことを断言した。

“assessment”（評定）のラテン語の語源は、「そばに座る」という意味です。教師や政策立案者が、生徒たちのそばに座り、深く、有意義な方法で彼らの学びに関わろうとしない限り、公教育の現場を完全に理解することはできないでしょう。どんな多肢選択式テストもそのデータを与えてはくれません。私には自分の生徒やその家族に対しての義務と説明責任があることから、昨年、私は良心的拒否者として生徒を単一指標に置き換えるテストを今後一切監督しないことにしたのです。⑲

この、「そばに座る」という“assessment”の語源への回帰は、ポーターが「距離のテクノロジー」と呼ぶ数値化と新自由主義教育改革との密接な関係（第5章）を考えると、非常に重要な指摘であるように思う。なぜならば、教育を数値化することで教育の標準化と商品化が可能になり、最終的に教育の評価が生徒を誰よりも近くから見ている教師の手から奪われ、生身の生徒を数値的データとしか認識しない遠隔評価が行われるようになるからだ。

その意味でも、「法隆寺最後の宮大工」と呼ばれた西岡常一（第8章）が語る、「木のいのち、木のこころ」を知る宮大工と木の距離感には非常に考えさせられるものがある。きっと、生徒の癖や特徴を見抜く目と生徒を生かすプロ教師の技を追求することは、教育における距離感から見つめ直すことであり、それはre-humanization of education（教育を再び人間的なものにする努力）に他ならないのではないだろうか。そして、このプロセスは新自由主義教育改革からの脱却には欠かせないように私は思う。

ヘンリー・ジルーは、アメリカのような新自由主義社会ではさまざまな手段で「一般市民に対する攻撃的な脱政治化」が行われていると指摘しているが[20]、中でも子どもたちに考えることを放棄させる知識詰め込み型の公教育は、貧困層の手から政治を奪う主要な手段として機能している。既述の通り、裕福な地域になればなるほどテストのプレッシャーは弱く、美術、音楽、体育などの感性を磨く教育や批判的思考の育成などに力を入れるリベラルアーツ教育が盛んだ。その反面、都市部の貧しい地域――つまり黒人やヒスパニック系が密集する地域――になればなるほど、テストで結果を出すプレッシャーが強く、テスト対策中心で暗記型の授業が多い。そのような地域では、人々は大学に入ることこそが人生で成功する鍵であると盲目的に信じ、与えられた教育で結果を出そうとする。彼らは無意識のうちに白人の価値観を崇拝し、白人が支配する社会において、白人が作ったルールの中で勝ち上がろうとする気持ちが作用するのだろうと思う。ブラジルを代表する教育哲学者、パウロ・フレイレの言葉を思い出す。

〔被抑圧者の〕理想は人間になることだ。だが、彼らにとって、人間になるということは抑圧者になることを意味する。これこそが彼らにとっての人間性の模範なのだ。この現象は、被抑圧者が、その存在形成のどこかの時点で、抑圧者への「付随」の姿勢を身につけるという事実から来ている。これらの環境の下では、彼らは抑圧者を十分明確に客観化し、自分たちの「外」に彼を見つけることはできない[21]。

テストボイコット運動に参加する教師の中には、学力標準テスト中心の教育と人種問題との関係を指摘する者もいる。先に述べたシアトルの教師らによるテスト監督ボイコット運動を導いたジェシー・ハゴピアンは、相次ぐ白人警官による丸腰の黒人殺害事件から全米に広まった人種差別撤廃デモとテストボイコット運動とは切っても切れない関係にあると指摘する。

学力標準テストの目的は、批判的思考を身につけることや身の回りの人たちと団結することや自分にとって大事な問題について協力することではなく、与えられた選択肢の中から誤った選択肢を消去する方法（消去法）を学ぶことにあります。これらのテストは、社会や子どもたち自身が直面している大きな問題――例えば警察の蛮行や警察による人民の抑圧――を解決するために彼らが本当に必要としている能力を彼らから奪っているのです。もし子どもたちが道端で撃ち殺され、それに対して何の正義も為されないのであれば、彼らを大学に進学させたりキャリアに備えたところで一体何の意味があると言うのでしょう[22]。

同様に、ピューリッツァー賞受賞ジャーナリストのクリス・ヘッジズは、多肢選択式テスト中心の教育にはある明確な意図があると言う。

多肢選択式テストにおける合格は、特殊な分析能力を評価し、讃える。この種の知能は経営者と会社に重宝される。彼らは従業員に厄介な質問をされることや、既存の体制や前提を吟味されることを嫌がり、システムに仕えることだけを望むのだ。これらのテストは、基本的な機能を果たし、サービス業に従事できるだけの読み書き算数能力を持つ男女を生産する。そして、テスト対策をする財政手段のある者を持ち上げるのだ。ルールに従う者、公式を暗記する者、権威に敬意を表する者に報酬を与える反面、逆徒、芸術家、独自の考えを持つ者、変わり者や聖像破壊者——自分のドラムの音に従って行進する者——は除去される[23]。

この説明に、おびただしい数のコンピュータが並ぶコールセンターのような空間で、子どもたちが各自「個別指導」を受けるロケットシップ・エデュケーション(第1章)を思い浮かべるのは私だけだろうか。もしかしたら読者の中には、日本の詰め込み式教育を思い浮かべた人の方が多いかもしれない。そうであるならば、日本が憧れたアメリカの「考えさせる教育」はどこへ行ってしまったのだろうか。ヘッジズはアメリカ公教育の移り変わりをこう読み解いている。

教師、そして彼らの組合は攻撃され、バーガーキングで働く最低賃金労働者と同じように入れ替え可能な存在になりつつある。私たちは、子どもに考えさせる器を持ち、子どもの才能と可能性を発見させる本当の教師を追い払い、視野の狭い学力標準テスト対策を施す講師と入れ替えているのだ。これらの講師は従順で、子どもにも従うことを教える。それが狙いなのだ[24]。

ヘッジズは、この論稿の最後で、ハンナ・アーレントの「悪の凡庸さ[25]」という概念に読者の意識を導いている。強制収容所におけるユダヤ人の大量虐殺という前代未聞の大罪が起こった理由を追求したアーレントは、悪とは普通の人間にはまったく理解できない異質な存在ではなく、実は私たちの身近な所に潜んでいると指摘する。「悪は思考停止から生じる[26]」もので、ごく普通の人々が集団的に思考停止状態に陥った時、そこに悪が繁殖し得るモラルの空白が生まれるのだ。「世界最大の悪は、ごく平凡な人間、つまり人であることを拒絶した者が行う悪である[27]」。ヘッジズはアーレントの警告に耳を傾ける。「私たちは、考えることのできない人々を恐れなければいけない。無意識の文明は全体主義の荒地と化すのだ[28]」。

その論稿から五年後の現在、ヘッジズは、共和党の大統領候補として指名されたドナルド・トランプに象徴される「アメリカンファシズム」台頭の可能性を警告している。今回の大統領予備選は民主党の投票者数がオバマの登場で飛躍した二〇〇八年の大統領選に比べて大きく減少しているのに対して、共和党は、今まで政治とは無縁であった白人の貧困層を開拓することで大きく投票者数を増やした。これらの人々は、「ポリティカル・コレクトネス」や差別をとがめることで自分たちを縛る反面、長年の新自由主義政策で貧困層への搾取を繰り返してきたインテリ層に対する怒りを溜めており、差別できる自由、銃を持てる自由、好き勝手できる自由を求めているという。そして、これらの人々には、プロパガンダや感情に訴える大衆運動の餌食になりやすいという特徴がある、とヘッジズは指摘する。

それは、アーレントが指摘する一九三〇年代のヨーロッパにおけるファシズムや共産主義運動が、「愚かすぎるか政治に無関心すぎる」という理由で他の政党が相手にもしなかった層の人々をターゲットにすることで台頭した経緯と似ていると言う。もちろん、訴える層が違えば訴え方も違ってくる。彼らは、これらの人々の対抗馬の議論への無関心さにつけ込み、政治的プロパガンダを用いて彼らの理性にではなく感情に訴えたのだ。ヘッジズは言う。「ファシスト運動は、政治的に活発な人々ではなく政治的に消極的な人々、つまり声もなく政界の既成勢力の中では何の役割もないと感じている「負け組」から基盤を築くのだ」[29]。

ファシズムの台頭は何もアメリカだけの話ではなく、フランス、オーストリア、ドイツなど、西ヨーロッパ諸国でも顕著に見られる。最新の例で言えば、国民投票で欧州連合（EU）からの離脱を決めたイギリスだ。もちろん、国民投票では、さまざまな人々がさまざまな理由で離脱を支持したが、経済的に不安定な境遇に置かれる貧困労働者層の感情に働きかけ、難民・移民を最大の敵に仕立ててナショナリズムを煽り、EUから「主権を取り戻す」必要性を訴えた極右が離脱派の勝利に大きく貢献したことは間違いない。

世界中で猛威をふるう新自由主義と、その犠牲となっている国々におけるファシズムの台頭は決して偶然ではない。健康保険や公教育等の規制緩和、それによる公共事業の市場化と民営化、組合解体に伴う非正規労働者の増加、緊縮財政による年金カットや給付型奨学金の削減など、新自由主義は国民の社会保障制度と経済的安定性を破壊することで肥大化してきた。同時にそれは西側諸国における左派の弱体化の歴史でもあり、そこに生まれた空間が極右の成長を可能にした。

さらには、ファシズムの台頭は新自由主義が生み出す不安定性（precarity）への保守的な反動と見るべきだろう。今、世界中の労働者らが、先行きの見えない不安な生活の中で鬱憤をためている。そんな中、彼らは効果的な緩和剤を提供できない左派の政治家たちに愛想を尽かし、トランプのように昔の安定した生活、民族としての尊厳、そして社会の復興を約束する力強いリーダーに飛びついているのだ。

日本は大丈夫だろうか。こんな時代だからこそ、公教育を問い直す必要性がある。第9章の終わりで、公教育をより幅広く、「公衆の教育」と再定義し、社会全体に働きかけていく必要性と、子どもたちの教育を軸にした社会運動を通して大人たちの民主的市民としての意識の覚醒を図る必要性を、私は主張した。当事者としてナチスの迫害を体験したユダヤ人のアーレントが、「悪の凡庸さ」に対する答えとしてたどり着いたのは「人であること」であった。それは、自分の頭で考え続ける能力を持つことであり、また相手の立場に立って物事を考える想像力を持つことだ。

第二次世界大戦時、戦争のために芸術分野全般の予算削減を求められたイギリスの首相、ウィンストン・チャーチルは、ただ一言こう答えたそうだ。

「だったら我々は何のために戦っているんだ？」

おわりに——三人の先生

ウォーカー先生との出会い

私は、一六歳でニューハンプシャー州にあるホールダネス・スクールという学校に一人で留学し、そこでノーマン・ウォーカー(Norman Walker)という一人の教師と出会った。定年間際の年齢の白髪の男性だったが、山のように大きい人だった。優れた英語教師だっただけでなく、ニューイングランド地方では有名なアメフトの監督でもあり、何だか凄みのある人だった。

出会いは留学二年目のことだった。私はあえて日本人がいない環境で英語にどっぷり浸かることを選んだため、初年度は英語での生活と学業に慣れるので精いっぱいだった。授業で発言することもほとんどなかった。ウォーカー先生の授業では、アメリカ文学史に名を刻む数々の名作を読み、文学の奥深さ、書くことの面白さと難しさを教わった。

ウォーカー先生は厳しく、生徒に常にベストを求める人だった。私は決してそれが嫌ではなかった。彼の教えに対する姿勢は、その教室で私たちが格闘していることが、この世で最も重要なことだと思わせてくれた。先生は私たち生徒に、予め用意された答えではなく、一人ひとりの真実を表現することを執拗に求めた。なぜなのか、どうしてそう思うのか。

そんな中、先生は私に興味を持ってくれた。それは、私が日本からの留学生だからではなく、私の中に人とは違うユニークな「声」を見つけてくれたからだ。ただ、彼にごまかしは一切通用せず、もはや成績の縛りを超えて、私は何度も何度も作文を書き直した。たった数行の文章を書くのに幾晩徹夜したことだろう。容赦なく投げかけられる批判は、彼が私に抱く期待の大きさを教えてくれ、彼に褒めてもらうことで私は自分がこの世に存在する意味を確認することができた。大袈裟に聞こえるかもしれないが、私は二〇年以上経った今でも、ウォーカー先生が私のことを発見してくれたと思っている。どんな言葉を選び、発するのかがその人物の人間性を物語る。そして、次の言葉を選ぶのに最善を尽くした時、我々はその一瞬に意味を見出すことができる。そうして各々の人生を綴っていくのだ。ウォーカー先生が教えてくれたのはそんなことだった。

私は、ホールダネスという全寮制の私立高校で見たアメリカのエリート教育に、愕然とした。ああ、アメリカのエリートたちは、若いうちからこのように育てられるのか。暗記することよりも考えること、そして表現することが重視され、ディスカッションやエッセイを書く機会が多く持たれた。高校生なのにメーカーのスポンサーが付くほどスポーツに秀でて、すでにジュニアオリンピックの選手に選ばれている生徒もいれば、演劇に自分の生きる道を見つける生徒、全校集会などで志願して音楽の先生と共に演奏する若きミュージシャンもいる。どんな分野であろうとも、すべての生徒が独自のカラーを出し、輝く努力をすることを求められた。寮長、フロア長、清掃や食事等、全寮制生活で必要とされるさまざまな仕事はすべて生徒たちが担い、リーダーは投票で選ばれた。あえてリスクを冒すことも要求された。劣勢の中でしっかりと反対意見を述べることや人前でスピーチをすることが奨励され、三年生全員が一〇人一組で二月の雪山で行うキャンプも恒例となっていた。期間は一〇日。そのうちの三日間は一人で過ごすのだから、半端じゃない。アメリカのエリートたちは、最初から何でも満遍なくできる子どもを育てようなんて思ってもいないし、学校の教育方針に口を出したりもしない。勉強から生活まで、子どもたちを教育のプロに完全に預け、その子の良さを徹底的に伸ばし、お金を出して子どもたちをリスクの中に放り込むのだ。

「はじめに」でも書いたが、そもそも私が日本の教育改革を夢見はじめたのも、ホールダネスのこのような教育に出会ったからだった。富裕層を対象にするアメリカの全寮制私立高校におけるこうした全人教育から日本が学ぶべきことは非常に多い。だからこそ貧困層を対象にして経済格差を再生産するアメリカの新自由主義教育改革を日本が積極的に導入しようとしている姿は皮肉としか言いようがない。

人を育てる

私の中学校教員時代の恩師、小関康先生は剣道の名監督でもあるが、彼が教えているのは剣道ではない。剣道を通して人生を教えているのだ。それを証拠に、学生時代剣道しかやってこなかった教え子たちは、学生剣道で輝かしい実績を残した後、剣道とはおよそ関係のない分野で活躍し、高い評価を受けている。

そんな中、「世界で最も忙しい」と言われる日本の教員の負担を減らす必要性に押され、学校から部活動を切り離そうとする声が教員の中からも上がっている。もちろん、これには一理ある。しかし、学校が「塾化」し、ゼロ・トレランスの名目で生徒指導から「問題児」の排除が検討される中、部活動まで学校教育から切り離せば、教育という古代から行われてきた人間の営みはいよいよ狭義で貧弱なものになるだろう。

国が部活動に対して中途半端な姿勢をとってきたがために、教員が都合のいいように搾取されてきたことは紛れもない事実だ。だがもっと言えば、私自身もそうであったように、部活動に熱心な教員はそれをわかった上であえて国に利用される道を選んできた。私が教えていた公立中学校は、一学級約三六名(一学年一八〇名)。担当していた英語は各学級一週三時間だったから、授業で生徒と触れ合う時間は生徒一人につき一週間でたった四分ちょっとだった。その時間で生徒たちとどれだけの人間関係を築けるだろうか。もっと密な人間関係を築ける場を、私は部活動に求めた。今の教育現場では、生徒と触れ合う時間が圧倒的に不足している。休み時間も、給食のひとときも、教員たちは事務仕事に追われている。そんな中、何とか生徒たちとの時間を確保しようとするならば、放課後や週末の貴重な時間を使う他ないだろう。もし、野球部の顧問として、やんちゃな中学生たちとともに汗を流し、勝つことの難しさを知り、泣き笑いしたあの時間がなかったら、私の教員生活はどんなにつまらなかったことだろう。

教員の疲弊を考え、部活動を外部指導者制にするという案には私は反対ではないが、部活動を完全に外部指導者に委託することに対しては反対だ。前記の理由から、希望する教員は部活動を続けられるように柔軟性を持たせるべきだと思う。いずれにせよ、必要なのは部活動をなくすことなどではなく、まずは国家と、それを支える国民の教育に対する心構えをつくり直すことではないだろうか。部活動を中途半端にせずに、しっかりと教育課程の中に位置づければ、もはや教員の善意に甘えることはできなくなる。人件費も増えるだろう。部活指導者の養成に本腰を入れる必要性も出てくる。だから問題は、どれだけのお金とエネルギーを子どもたちの教育にかける覚悟があるのかということになる。

小関先生の言葉が思い出される。

「学校は人を育てる場所だから」。

ごく当たり前であるはずのこんな言葉が新鮮に聞こえてしまうのは、私が新自由主義に深く冒されているアメリカに長くいるからだろうか。日本もそうならないように、今から学校を「人を育てる場所」として再構築していく必要があるように感じる。

日本を代表する国語教師の大村はま(一九〇六〜二〇〇五)が最後までこだわったのは、「優劣を忘れて、ひたすらな心で、ひたすらに励む」こと、そして「学びひたり、教えひたる」ことの大切さだった。(1) そこから見えてくるのは、「手段」としての学びではなく「目的」としての学びであり、人生を包括した広大な学力観だ。アメリカを代表する哲学者、ジョン・デューイ(John Dewey 一八五九〜一九五二)も、一世紀も前にこう警告している。

教育は人生の準備ではなく、人生そのもの。

それとは対照的に、今、日本でも教育とは世界市場における国益と経済的競争力の増強の手段であるとした、非常に偏った、つまらない教育のビジョンがはびこっている。そして、せっかく人を育てる仕事に関わりたくて教師になったのに、それができないで喘いでいる教師たちが全国に山ほどいる。だからこそ、子どもたちが学びひたり教師たちが教えひたれる教育環境づくりに取り組むには、今が絶好のチャンスなのではないだろうか。大人が子どもの心を掴みあぐねているこんな時代だからこそ、子どもの心を掴むプロの教師らを全国から集め、現場における子どもたちとの関わりの中で将来の指導者を育成し、「可能性無限」を合い言葉に「人」を育てることにただひたすら取り組む学校づくりに挑戦すべきではないのか。今、島根県隠岐島前《どうぜん》や高知県嶺北・土佐町などは、教育を軸にした地域おこしに取り組んでいる。都会から徐々にグローバル化の波が日本全体に押し寄せる中、過疎化が進むそのような土地にしか提示できないアンチテーゼがあるのではないかと私は思う。

　小関先生はすべての子どもが学校に来なくてはいけないとは思っていない。いろいろな道を考えたあげく、どうしても不登校を選んだ子を前にして、その子の決断を学校の生徒指導主任としてサポートしたりもする。

「八〇年と言われている人生のたった一年だ。なんてことはない」。

　そんな腰の据わった指導の下、一年生の時に不登校だった生徒を剣道日本一に導いたことさえある②。また、点数や通知表にこだわらない小関先生は平気でこんなことも言う。

「お前は勉強なんかできなくてもいい。その人柄で生きていけるぞ！」

　その一言で、卑屈にならずにのびのびと成長できた子がどれだけいることか。その一言で、通知表の呪縛から解放され、自分の子どもの良さを自信もってサポートできるようになった親がどれだけいることか。その子たちは今、先生の教え通り、自分の人柄を武器に逞しく生きている。

小関先生は一人ひとりの生徒にまったく別のことを言い、応対もまた違う。対象となる生徒、状況、その生徒との信頼関係、それまでの指導の経緯、その瞬間によって求めるものが変わってくる。授業中、一人の生徒があることをして褒められたのに、次に別の生徒が同じことをしても叱られたりする。「先生、差別だ！」と生徒に言われると、「馬鹿野郎、これは区別だ！」と生徒たちの笑いを誘う。愛情と人間味に満ちた小関学級のそんなやり取りは、今でも私の心の中にはっきりと記憶されている。そしてそれは、きっと生徒たちも同じだろう。

「答え」に溢れる今日

ホールダネス留学以来、私はずっと日本の教育改革に貢献したいとアメリカで教育学を学んできた。しかし、アメリカの教育について学べば学ぶほど、私がホールダネスで受けた教育は、アメリカの中でも特殊なものだったことを知った。そして皮肉なことに、公教育改革について学べば学ぶほど、「改革」の危うさに気づかされたのだ。

メンケン(H. L. Mencken)は、「すべての複雑な問題には、明快で、シンプルで、間違った答えがある」と言った。今、アメリカの教育改革は、そのようなシンプルで誤った答えに溢れている。ある者は学校を選択制にして生徒の確保に学校同士を競い合わせたら良いと言い、ある者は教員評価に成果主義を取り入れたら教員のモチベーションを上げられると言い、またある者は「ベストプラクティス」をビデオに収めてそれをインターネットで拡散すれば良いと主張する。そしてこれらのアイディアは、日本でも支持を拡大しつつある。

これらはほんの幾つかの例に過ぎないものの、既述の通りこれらの「答え」はどれもシンプルで、わかりやすく、そして間違っている。

問いの大切さ

ある時から、私は目指すべきは「改革」ではなく、過去の失敗としっかり向き合った上での「改善」だと考えるようになった。社会がさまざまな革新的な「答え」で溢れかえる今日、私たちに求められているのは過去の失敗から学ばずに新しいものを一からつくることではない。強いて言えば、議論の枠組みそのものに向けられた新たな問いこそが答えであり、答えのない、普遍的な問いと真摯に忍耐強く向き合う覚悟、そして勇気が求められているように思う。

思えば、私に問いの大切さを教えてくれたのは故マキシン・グリーン女史だった。『ニューヨークタイムス』に、「過去五〇年間で最も重要な教育哲学者の一人」と賞賛された彼女との出会いは、一九九六年。ホールダネス卒業後に進んだ大学の「民主主義と教育」という授業で読んだ *The Dialectic of Freedom*（「自由の弁証法」(3)）だった。それは、私がそれまで読んだこともないような不思議な本だった。教育哲学の本なのに、詩、文学、映画や絵画の話まで出てくる。まるで彼女の琴線に触れたすべての美を教育思想に織り込んだような、彼女のライフストーリーを読んでいるようだった。その文章は、無防備に、そして大胆に、文化も世代も違う私を彼女の世界に引き込んだ。

一九九九年、大学院で修士号を取得した私は、教師になるために一度は日本に帰ったが、二〇〇八年に今度は博士号を取るために、コロンビア大学大学院に入学した。マキシンがコロンビアにいたことは知っていたが、存命とは思わず、ましてや九〇歳という年齢で教え続けているとは思ってもみなかった。

「教育と審美的経験」と名づけられたその授業は、私がコロンビアで受けた最初の授業だった。火曜日の夕方、セントラルパークを眺める彼女のアパートのリビング。マキシンを囲んで生徒たちが床に座り、小説や映画、詩などを語り合い、芸術、教育、哲学の交差点に社会変革の可能性を模索した。発言もできず、私はすべてを吸収するのに必死だった。学期を通して、たった二回しか発言できなかった。

マキシンの影響もあり、私は修士課程では教育哲学を中心に勉強した。だが、博士課程では教育政策など、より実用的で職に繋がりそうなものを勉強しようと決めていた。計画通り、その後私は教育政策と教育法を中心に勉強した。そんな中、「答えのない問いこそが最も大事な問い」、「哲学はするもの」などという、マキシンが授業で繰り返した言葉の数々が、幾度となく脳裏によみがえってきた。そのたびに私は彼女にメールを書き、そうして対話が始まった。そのうち、話をしようと自宅に誘われるようになり、その後私は彼女の助手として共に授業を教えるようになった。

結局彼女は二〇一四年に九六歳で亡くなる二週間前まで教え続けた。二年目からは私とのチームティーチングの形をとっていたが、晩年は、クラスのディスカッションを追うのも困難になった彼女に代わり、私が授業をリードしていた。それでもマキシンは問い続けた。生徒たちの言うことに

生前，ティーチャーズカレッジでレクチャーをするマキシン・グリーン教授と筆者．

共感し、作家の言葉に想いを馳せ、答えのない問いに生徒たちとともに挑み、静的な答えではなく、動的な問いの重要性を何度も強調したのだった。

マキシンの最大のテーマは「自由」であったが、ある時ふと訊いたことがある。「自由」と「問い」の間に何か関係はあるの？「そうね」と一息入れてから彼女はこう言った。

「答えしか提供しない社会では、自由は存在し得ないでしょうね」。

ユダヤ人女性として、ヒットラーの支配下にあったドイツ社会など、人類の抑圧の歴史について深く考えてきた彼女らしい言葉だった。そして私は、ふと思ったのだ。勉強が将来良い仕事に就くための手段となり、子どもたちの価値がマークシートテストの点数で評価される中、彼らにとって今日の社会は、まさに「答えしか提供しない社会」そのものなのではないだろうか。大事なのは正解だけ。彼らが何に興味があるのか、どんな問いを持っているのか、どのように答えに辿り着いたのかは関係ない。子どもたちは、自由を求めてあがいているのではないだろうか。

亡くなる少し前、彼女が授業でほとんど話さなかったことがあった。授業を締めくくる前に、何か最後の言葉はないかと私は尋ねた。そして先生は優しくこう言ったのだった。

「最後の言葉などありません。残るのは問いだけです」。

あとがき

このような本を、どのように締めくくれば良いのか、書き始めた時は想像もつかなかったが、振り返ってみれば、最後に書いたのは自分の先生たちのことだった。

教育の道を志した人間として、私が次の世代の人たちと分かち合いたい人生のレッスンはいくらでもある。でも、それらはすべて、一つのことに集約できるように感じる。人生の先生を持つことだ。それがどれだけ幸せなことか、先生を持っている人間ならきっと知っている。

人生の先生とは、頑張るためのモチベーション、無知な自分に対する謙虚さ、知らないことに対する敬意とそれに挑もうとする勇気、自分の未知なる可能性に対する前向きな姿勢、責任、愛、それらすべての源となる。教員として自分が目指したのはそんな人生の先生であるし、いつの日かそうなりたいと、今でも願っている。

本書の出版にあたり、二〇一三年から季刊『人間と教育』(民主教育研究所／旬報社)で私が担当させて頂いたシリーズ「アメリカ公教育の崩壊」、月刊『Journalism』(朝日新聞出版)ならびに本庄国際奨学財団機関誌に寄稿した論稿を、ご好意にて転載させて頂いた。この場を借りて感謝申し上げたい。

人の出会いとは不思議なもので、この本も多くの人々との出会いによって支えられている。アメリカ公教育崩壊に関する発信の場として用いていた私のブログに最初に関心を寄せて下さった『人間と教育』編集長（当時）の木村浩則教授（文京学院大学）、編集委員として有意義なフィードバックを下さった中村雅子教授（桜美林大学）、編集者として辛抱強くお付き合い頂いた民主教育研究所の田中祐児さん、月刊『Journalism』への寄稿のお誘いを頂いた大和久将志さん、私の論稿を朝日新聞の「論壇時評」でご紹介下さった作家の高橋源一郎さん、本書の出版社である岩波書店をご紹介くださった朝日新聞の氏岡真弓さんと原田朱美さん、高橋哲教授（埼玉大学）をはじめ、いつも刺激的な会話で本書の出版を応援して下さったアメリカ教育史研究会の皆様、最後まで根気強く、率直で的確なアドバイスを送り続けて下さった岩波書店の田中朋子さん、その他本当に多くの人々にお世話になった。

そして、要領の悪い私のことを支え続けてくれている家族に対しては、言葉では表し難い感謝の想いがある。それらすべての人々に感謝したい。

本書は以下の原稿の内容をもとに大幅に加筆・修正を行ったものです。

・季刊『人間と教育』（民主教育研究所編集、旬報社）連載「アメリカ公教育の崩壊」
二〇一三年冬号（八〇号）／二〇一四年春号（八一号）／二〇一四年夏号（八二号）／
二〇一四年秋号（八三号）／二〇一五年春号（八五号）／二〇一五年夏号（八六号）／
二〇一五年秋号（八七号）／二〇一五年冬号（八八号）

・月刊『Journalism』（朝日新聞出版）
二〇一四年四月号「教育を市場化した新自由主義改革　崩壊するアメリカ公教育の現場から」

・「エリートの知らないアメリカの「公」教育」公益財団法人本庄国際奨学財団
二〇一五年度機関紙

先生が足りない　氏岡真弓　四六判一五八頁　定価一九八〇円

教育と愛国　―誰が教室を窒息させるのか―　斉加尚代　四六判一九六頁　定価一八七〇円

道徳教育と愛国心　―「道徳」の教科化にどう向き合うか―　大森直樹　四六判三六二頁　定価二八六〇円

専門家として教師を育てる　―教師教育改革のグランドデザイン―　佐藤学　四六判二一八頁　定価二〇九〇円

未来を変えた島の学校　―隠岐島前発　ふるさと再興への挑戦―　山内道雄　岩本悠　田中輝美　四六判一九八頁　定価一八七〇円

岩波書店刊
定価は消費税10% 込です
2025年4月現在

鈴木大裕

教育研究者・土佐町議会議員．
1973年神奈川県生まれ．16歳で米国の全寮制高校に留学．そこでの教育に衝撃を受け，日本の教育改革を志す．97年コールゲート大学教育学部卒（成績優秀者），99年スタンフォード大学教育大学院修了（教育学修士）．帰国後，通信教育で教員免許を取得し，6年半千葉市の公立中学校で英語を教える．2008年に再渡米し，フルブライト奨学生としてコロンビア大学大学院博士課程に入学．米国を代表する教育哲学者，故マキシン・グリーン女史の助手や講師を務める一方で，東日本大震災の復興支援団体や教育アクティビストネットワークを立ち上げる．2016年，高知県土佐郡土佐町に移住．2019年4月に高知県土佐郡土佐町議会議員選挙にトップ当選．教育を通した町おこしに取り組むかたわら，教育研究者としての執筆や講演活動も続けている．著書に『崩壊する日本の公教育』（集英社新書）など．

崩壊するアメリカの公教育 ― 日本への警告

2016年8月24日　第1刷発行
2025年4月15日　第14刷発行

著　者　鈴木大裕《すずきだいゆう》

発行者　坂本政謙

発行所　株式会社 岩波書店
〒101-8002 東京都千代田区一ツ橋2-5-5
電話案内 03-5210-4000
https://www.iwanami.co.jp/

印刷・三陽社　カバー・半七印刷　製本・松岳社

ISBN 978-4-00-024792-4　　Printed in Japan

注

はじめに

(1) 大田堯(1990)『教育とは何か』岩波新書，75 頁．

(2) ユニセフホームページ参照．http://www.unicef.or.jp/about_unicef/about_rig_list.html

(3) Sleeter, C. E.(2008), Teaching for democracy in an age of Corporatocracy, *TC Record, 110*(1), pp. 139–159.

(4) Simons, M., Olssen, M., Peters, M.(Eds.)(2009), *Re-reading education policies: A handbook studying the policy agenda of the 21st century*, Rotterdam: Sense Publishers.

(5) 「アマゾン「お坊さん便」中止要請に回答　事実上の拒否か」朝日新聞，2016 年 4 月 18 日．http://digital.asahi.com/articles/ASJ4L54N6J4LULFA020.html?rm=305

(6) クライン，ナオミ，幾島幸子・村上由見子訳(2011)『ショック・ドクトリン――惨事便乗型資本主義の正体を暴く』岩波書店．

第 1 章

(1) Friedman, M. & Friedman, R. D.(1990), *Free to choose: a personal statement*, San Diego: Harcourt Brace Jovanovich, p. 154.

(2) The Center for Responsive Politics. http://www.opensecrets.org/ ちなみに，「シチズンズ・ユナイテッド」の判決は，企業だけではなく労働組合やその他の利益団体にも同等の政治参加の権利を認めたが，エクソン・モービル，ゴールドマン・サックス，ハリバートンなど，巨万の富を誇るアメリカの巨大会社が手にした政治への影響力とは比べ物にならないだろう．

(3) 2016 年 7 月時点で全米 42 の州に加え，ワシントン DC など 5 つの米国自治連邦区で採用されているが，採用する州や自治連邦区は年々減少の傾向にある．http://www.corestandards.org/standards-in-your-state/　http://www.corestandards.org/standards-in-your-state/

(4) Ravitch, D., The Education of Diane Ravitch, Mother Jones, March 13, 2011. http://www.motherjones.com/politics/2011/03/diane-ravitch?page=2

(5) Simons et al.(Eds.), 2009.

(6) 「非営利チャータースクールで大もうけ」ハフィントンポスト，2014 年 4 月 7 日．http://www.huffingtonpost.com/alan-singer/charter-school-executive-profit_b_5093883.html

(7) http://www.kipp.org/

(8) 「サクセス・アカデミーの収入が一年で倍増，最高経営責任者エヴァ・モスクウィッツの年収は 56 万 7000 ドルに飛躍」ニューヨーク・デイリー・ニュース，2014 年 12 月 19 日．http://www.nydailynews.com/new-york/education/success-

academy-charter-schools-revenue-doubles-year-article-1.2050561
(9) 「最高経営責任者の家族に利益をもたらすチャータースクール」デイトン・デイリー・ニュース, 2012年12月15日. http://www.daytondailynews.com/news/news/local-education/charter-schools-pay-off-for-ceos-family/nTWKT/
(10) オハイオ州では, 2015年12月に, チャータースクールによる宣伝への税金の投入を禁止する法案が提出されたばかりだ. 同州では, あるオンラインのチャータースクールが2014年度だけで227万ドルもの税金を宣伝に投入したことがわかっている.「チャータースクールによる税金の宣伝への投入を阻止する法案」コロンバス・ディスパッチ, 2015年12月13日. http://www.dispatch.com/content/stories/local/2015/12/13/bill-no-tax-money-for-charter-ads.html
(11) 「オンラインスクールが新入生勧誘のため何億もの予算を広告に投入」アイディア・ストリーム, 2012年11月29日. http://www.ideastream.org/stateimpact/2012/11/29/online-schools-spend-millions-on-advertising-to-recruit-new-students/
(12) 「メディアと民主主義センターが閉校された2500のチャータースクールの完全なリストを公表」PRウォッチ, 2015年9月22日. http://www.prwatch.org/news/2015/09/12936/cmd-publishes-full-list-2500-closed-charter-schools
(13) 「チャータースクールという一大ビジネス」ワシントンポスト, 2012年8月17日. http://www.washingtonpost.com/blogs/answer-sheet/post/the-big-business-of-charter-schools/2012/08/16/bdadfeca-e7ff-11e1-8487-64e4b2a79ba8_blog.html
(14) 「フィラデルフィア市議会, スクールバスと校舎を用いた宣伝を許可する見通し」CBS Philly, 2013年12月3日. http://philadelphia.cbslocal.com/2013/12/03/phila-lawmakers-move-toward-allowing-advertising-on-school-buses-and-buildings/
(15) 短期集中の教員養成プログラムで取得できる教員免許. 正規の免許ではないため, 従来の公立学校では教えられない州もある. 非正規免許で教壇に立ちつつ, 2年ほどかけて正規免許を取得できる場合が多い.
(16) Taubman, P., The real state of the union: Education, immigration and environment, Aljazeera America, January 28, 2014. http://america.aljazeera.com/features/2014/1/the-real-state-oftheunion0.html
(17) 例えば1987年のニュージャージー州政府によるニューアーク市公立学校区の教育行政権乗っ取りや, 2001年のペンシルバニア州政府によるフィラデルフィア市学校区教育行政権乗っ取り.
(18) Biesta, G. (2009), Education between accountability and responsibility, in Simons et al. (Eds), *Re-reading education policies: A handbook studying the policy agenda of the 21st century*, pp. 679–695.
(19) 「ウィスコンシンの権力闘争」ニューヨークタイムス, 2011年2月20日. http://www.nytimes.com/2011/02/21/opinion/21krugman.html?_r=0
(20) Foucault, M. (2008), *The birth of biopolitics: Lectures at the Collège de*

France, 1978–1979, Basingstoke, England: Palgrave Macmillan.

第2章

(1) Students Last, 2013. http://studentslast.blogspot.com/2013/04/this-test-brought-to-you-by.html

(2) http://www.washingtonpost.com/blogs/answer-sheet/wp/2013/04/20/new-standardized-tests-feature-plugs-for-commercial-products/

(3) http://nypost.com/2013/04/18/learn-abcs-ibms/

(4) ニューヨーク・デイリー・ニュース，2013年4月19日．

(5) http://www.publishersweekly.com/pw/by-topic/industry-news/financial-reporting/article/58211-the-global-60-the-world-s-largest-book-publishers-2013.html

(6) http://www.pearson.com/news/2013/february/pearson-2012-results.html

(7) http://www.ciscopress.com/about/

(8) www.pearson.com

(9) Sleeter, 2008.

(10) Perkins, J.(2004), *Confessions of an economic hit man*, San Francisco: Berrett Koehler Publishers.

(11) Sleeter, 2008, p. 144.

(12) http://educationalchemy.com/2013/07/01/the-pearson-follies-an-ongoing-saga/

(13) http://www.mentormob.com/learn/i/education-and-the-common-core-state-standards/former-house-public-education-chairman-lobbying-for-pearson-by-morgan-smith

(14) http://www.huffingtonpost.com/alan-singer/enough-is-enough-pearson-_b_3146434.html

(15) Center for Media and Democracy. http://www.sourcewatch.org/index.php/Pearson

(16) http://teacherblog.typepad.com/newteacher/2012/11/on-the-rise-of-pearson-oh-and-following-the-money.html

(17) 「教育系の政府役人への接待旅行が生む疑惑」ニューヨークタイムス，2011年10月9日．http://www.nytimes.com/2011/10/10/education/10winerip.html?pagewanted=all&_r=0

(18) 「ピアソンによるテストのトラブルの歴史」The National Center for Fair and Open Testing. http://www.fairtest.org/pearsons-history-testing-problems

(19) 「ピアソン，ニューヨークでテストの大規模契約を失い，他にも試練」ワシントンポスト，2015年7月10日．https://www.washingtonpost.com/news/answer-sheet/wp/2015/07/10/pearson-loses-huge-testing-contract-in-new-york-and-gets-more-bad-news/

(20) 「ピアソン，ゴールドマンサックスのレーティングで「ニュートラル」から「売り」にダウングレード」Octa Finance, 2016年3月2日．http://www.octafinance.com/pearson-plc-nyse-nysepso-downgraded-to-sell-rating-at-goldman-sachs

-from-neutral/

(21) Kamenetz, A., Pearson's quest to cover the planet in company-run schools., *WIRED*, April 12, 2016. http://www.wired.com/2016/04/apec-schools/

(22) Bridge International Academies. http://www.bridgeinternationalacademies.com/

第3章

(1) クライン, 2011.

(2) Buras, K.(2009), We have to tell our story: Neo-griots, racial resistance, and schooling in the other south, *Race Ethnicity and Education, 12*(4), p. 430.

(3) 中嶋哲彦(2013)「自治体の教育改革と民主主義」『人間と教育』78号, 69頁.

(4) *San Antonio Independent School Dis. V. Rodriguez.*

(5) Kozol, J. (1991), *Savage inequalities: Children in America's schools,* New York: Harper Perennial.

(6) 連邦最高裁での道が断たれたため, 舞台はその後, 各州の法廷へと移った. 教育を受ける権利は, 国の憲法では基本的人権として保障されていない代わりに, それぞれの州が州憲法によって保障している. そして, 子どもたちは実際に州憲法が定める義務教育の質(例:NY州憲法の「堅固な基礎教育(sound basic education)」に見合う教育を受けているかどうかを焦点とした裁判(adequacy caseと呼ばれる)が, 全米の州法廷で争われることになった. 詳しくはRebell, M. A.(2009), *Courts and kids: Pursuing educational equity through the state courts,* Chicago: University of Chicago Press. を参照.

(7) http://1.usa.gov/1h4Kzhb アフリカ系アメリカ人, ヒスパニック系の貧困率は白人やアジア系の倍以上だ. 人種別の統計は以下のサイトを参照. http://bit.ly/MatwRi

(8) Center on Budget and Policy Priorities. http://bit.ly/1hWZKKC

(9) Xie, H., Fleischman, H. L., Hopstock, P. J., Pelczar, M. P. & Shelley, B. E. (2010), Highlights from PISA 2009: Performance of US 15-year-old students in reading, mathematics, and science literacy in an international context, NCES 2011-004, National Center for Education Statistics.

(10) Tyack, D. & Cuban, L.(1995), *Tinkering toward utopia: A century of public school reform*, Cambridge, MA: Harvard University Press.

(11) ヴァージニア大学法科大学院准教授のジェイムス・ライアンとケースウェスタンリザーブ大学法科大学院教授のマイケル・ヘイスは, アメリカの学校選択制が都市部に限定された(intradistrictな)もので, 都市部と郊外を結ぶ(interdistrictな)ものではないことに注目し,「より貧しい生徒が彼らの近所, そして地域の外にある学校に通えるという有意義な機会を認めるように学校選択制が計画されない限り, 学習到達度, 人種・社会経済的融合, 生産的な競争における大きな改善は実現しないだろう」と指摘している. Ryan, J. E. & Heise, M.(2002), The political economy of school choice, *Yale Law Journal 111*, pp. 2043-2136.

(12) Whitty, G.(1997), Creating quasi-markets in education: A review of recent

research on parental choice and school autonomy in three countries, *Review of research in education, 22*, pp. 3–47.
(13) ニューヨーク市では，消費者である生徒や保護者に開示される各学校の評価項目として，卒業率と進学率の他に Quality Review（品質審査）と Progress Report（向上度調査）があるが，どちらも州統一テストの点数に基づく「学力」を基準としている．詳しくはニューヨーク市教育局 HP: http://schools.nyc.gov 参照．
(14) 「ブロンクスのチャータースクール，州法に反して入試」*GothamSchools*, 2011 年 5 月 19 日．http://bit.ly/1flC9Ri
「階級闘争――チャータースクールはいかに欲しい生徒を手に入れるか」*Reuters*, 2013 年 2 月 15 日．http://reut.rs/L2hF7c
(15) 「チャータースクールスキャンダル」*Education Opportunity Network*, 2013 年 9 月 3 日. http://bit.ly/1aVlYr4
(16) 編集長対談・冷泉彰彦氏「異議あり！『貧困大国アメリカ』」ニューズウィーク，2010 年 07 月 28 日．http://bit.ly/1cfc4Vx
(17) Labaree, D. F.（1997）, *How to succeed in school without really learning: The credentials race in American education*, New Haven, CT: Yale University, p. 64.
(18) 「100 万ドル PTA――ベイクセールを遥かに上回る」ニューヨークタイムス，2012 年 6 月 1 日．http://www.nytimes.com/2012/06/03/nyregion/at-wealthy-schools-ptas-help-fill-budget-holes.html?_r=0
(19) ユタ大学のハーヴェイ・カンター教授とマーケット大学のロバート・ロウ教授は，「締め付けのきついカリキュラムと教授法は，最も有能で想像力豊かな教員を追い出す効果がある」と指摘する．Kanter, H. & Lowe, R.（2006）, From New Deal to no deal: NCLB and the devolution of responsibility for equal opportunity, *Harvard Educational Review, 76*（4）, p. 484.
(20) Ziegler, C. L., & Lederman, N. M.（1991）, School vouchers: Are urban students surrendering rights for choice?, *Fordham Urban Law Journal*, 19, p. 813.
(21) Henig, J. R.（1995）, *Rethinking school choice: Limits of the market metaphor*, Princeton University Press, p. 200.
(22) Whitty, 1997, p. 33.

第 4 章

(1) 「フィリピン人教員ら，450 万ドルを勝ち取る」*The Advocate*, 2012 年 12 月 19 日．
(2) 「ティーチャー・トラフィッキング：フィリピン人労働者，アメリカの学校，そして H-1B ビザの数奇な物語」ボストングローブ，2013 年 6 月 12 日．http://www.bostonglobe.com/editorials/2013/06/11/your-child-teacher-victim-human-trafficking/dQz2fYPwg6Xkgt1aV6HaiL/story.html
(3) American Federation of Teachers（2009）, *Importing educators: Causes and consequences of international teacher recruitment*, p. 5.
(4) Black Institute（2011）, Broken promises: The story of Caribbean international teachers in New York City's public schools.

(5)　American Federation of Teachers, 2009, p. 7.
(6)　Dunn, A. H.(2011), Global village versus culture shock: The recruitment and preparation of foreign teachers for US urban schools, *Urban Education, 46*(6), pp. 1379–1410.
(7)　American Federation of Teachers, 2009, p. 5.
(8)　Books, S. & de Villiers, R.(2014), Importing educators and redefining what it means to be a teacher in the U. S., *Journal for Critical Education Policy Studies, 11*(2). http://www.jceps.com/archives/428
(9)　「すべての机に iPad――トロイの木馬と教師らは指摘」*Labor Notes*, 2013 年 11 月 22 日.
(10)　「政府，学生ローンから 413 億ドルの利益を記録」USA トゥデイ，2013 年 11 月 25 日．http://www.usatoday.com/story/news/nation/2013/11/25/federal-student-loan-profit/3696009/

第 5 章

(1)　http://oecdpisaletter.org/
(2)　「国際学力調査 PISA　世界の教員ら「偏ってる」」東京新聞，2014 年 5 月 31 日.
(3)　ちなみにドイツでは，賛同者らが独自のウェブサイトを立ち上げ，そちらだけでも 3000 人以上の署名が集まっている.
(4)　公開書簡署名当時．現在はイギリス.
(5)　Chomsky, N.(1998), *The common good*, Berkeley, CA: Odonian Press.
(6)　http://us-education-today.blogspot.com/2011/01/oecd.html
(7)　http://www.globalpolicyjournal.com/blog/05/05/2014/questioning-oecd%E2%80%99s-growing-role-public-education
(8)　Taubman, P. M.(2009), *Teaching by numbers: Deconstructing the discourse of standards and accountability in education*, New York: Routledge, p. 112.
(9)　Simons et al.(Eds.), 2009.
(10)　Porter, T. M.(1995), *Trust in numbers: The pursuit of objectivity in science and public life*, Princeton, NJ: Princeton University Press.
(11)　https://paceni.wordpress.com/2013/12/01/pisa-2012-major-flaw-exposed/
(12)　Apple, M. W.(2004), Creating difference: Neo-liberalism, neo-conservatism and the politics of educational reform, *Educational Policy, 18*(1), p. 18.
(13)　Friedman, T.(2006), *The world is flat: A brief history of the twenty-first century*, New York: Farrar, Straus & Giroux.
(14)　Taubman, 2009, p. 116.
(15)　http://thelearningcurve.pearson.com/about/advisory-panel
(16)　Lemov, D.(2010), *Teach like a champion: 49 techniques that put students on the path to college*, New York: Gildan Media.
(17)　「大手塾が担う新人教員研修　東京都足立区が教材導入」毎日新聞，2014 年 5 月 19 日.

第6章

(1) ひとくくりに「黒人」と言っても，先祖が奴隷として連れてこられたアフリカ系アメリカ人，自らの意思で渡米したアフリカからの移民，カリブ系アメリカ人など，その文化的ルーツは実にさまざまだ．しかし，文献やデータによっては，「アフリカ系アメリカ人」など厳密に一つのグループを対象にするものもあれば，黒い肌の色を持つ人々という意味でひとまとめに「黒人」と表現するものも多い．本書では，対象がアフリカ系アメリカ人に限定される場合以外は，「黒人」という表現を用いることとする．

(2) Giroux, H., The militarization of racism and neoliberal violence, *Truthout*, August 18, 2014.

(3) Kelling, G. L. & Wilson, J. Q., The broken windows: The police and neighborhood safety, *The Atlantic*, March, 1982. http://www.theatlantic.com/magazine/archive/1982/03/broken-windows/304465/

(4) Mitchell, K.(2011), Zero tolerance, imperialism, dispossession, *ACME: An International E-Journal for Critical Geographers, 10*(2), pp. 293–312.

(5) https://www.aclu.org/blog/criminal-law-reform-prisoners-rights/not-having-roof-over-your-head-can-mean-jail-time-criminal

(6) http://www.nationalhomeless.org/publications/foodsharing/cities.html

(7) Giroux, H.(2001), Mis/education and zero tolerance: Disposable youth and the politics of domestic militarization, *Boundary 2, 28*(3), pp. 61–97.

(8) Giroux, H.(2003), Racial injustice and disposable youth in the age of zero tolerance, *International Journal of Qualitative Studies in Education, 16* (4), p. 557.

(9) http://www.naacp.org/pages/criminal-justice-fact-sheet

(10) Lewis, T.(2006), The school as an exceptional space: Rethinking education from the perspective of the biopedagogical, *Educational Theory, 56*(2), pp. 159–176.

(11) LaMarche, G., Is prison thinking infecting public policy?, University of California, Berkeley, March 21, 2013, p.6.

(12) Fuentes, A., Discipline and punish, *The Nation*, December 26, 2003.

(13) Giroux, 2003, p. 561.

(14) Lewis, 2006.

(15) LeMarche, March 21, 2013, p 21.

(16) http://7online.com/education/video-shows-special-needs-student-restrained-in-bronx-school/331179/

(17) http://www.democracynow.org/2015/10/28/criminalizing_the_classroom_inside_the_school

(18) http://blogs.edweek.org/edweek/rulesforengagement/CRDC%20School%20Discipline%20Snapshot.pdf

(19) http://civilrightsproject.ucla.edu/news/press-releases/2013-press-releases/

out-of-school-and-off-track-reports-detail-disturbing-and-increased-use-of-suspensions
(20) Advancement Project et al. (2011), Federal policy, ESEA reauthorization, and the school-to-prison pipeline, NAACP Legal Defense Educational Fund; Juvenile Law Center; Advancement Project; Educational Law Center; Fair Test; The Forum for Education and Democracy, p. 3.
(21) チャータースクールとゼロ・トレランスの深い関係については以下を参照のこと．Davis, O., Punitive Schooling: The education reform movement has brought "broken windows" policing into the classroom, *Jacobin*, October 17, 2014. https://www.jacobinmag.com/2014/10/punitive-schooling/
(22) 「ブルックリンのチャータースクールが特別支援教育を提供していないとする訴訟」ニューヨークタイムス，2015年11月5日．http://nyti.ms/1XTZII5
(23) Lewis, 2006.
(24) Harvey, D. (2003), *The new imperialism*, Oxford: Oxford University Press.

第7章

(1) Arendt, H. (1993), *Between past and future: Eight exercises in political thought*, London: Penguin. アーレントは "dual responsibility" という表現を使っている．
(2) Ibid., p. 192.
(3) 朝日新聞デジタル，2015年6月8日．http://digital.asahi.com/articles/ASH685CJLH68UTIL01W.html
(4) Abelmann, C., Elmore, R., Even, J., Kenyon, S. & Marshall, J. (1999), *When accountability knocks, will anyone answer?*, Philadelphia: Consortium for Policy Research in Education, p. 1.
(5) Biesta, 2009, p. 650.
(6) Charlton, B. (2002), Audit, accountability, quality and all that: The growth of managerial technologies in UK Universities, *Education! Education! Education! Managerial ethics and the law of unintended consequences*, Exeter, England: Imprint Academic, p. 18.
(7) Ibid., p. 24.
(8) Porter, 1995.
(9) Labaree, D. F. (2011), The lure of statistics for educational researchers, *Educational Theory, 61*(6), p. 624.
(10) Ibid., p. 622.
(11) Porter, 1995, p. xi.
(12) アメリカでベストセラーになったLemov, *Teach like a champion: 49 techniques that put students on the path to college*(前掲)はその最たる例だ．
(13) 藤原和博氏の提唱する「最高の授業」等．
(14) 東京都足立区では既に導入済み．「大手塾が担う新人教員研修　東京都足立区が教材導入」毎日新聞，2014年5月19日．

(15) 第1章で紹介した全米にフランチャイズ展開するロケットシップ・エデュケーション等は，生徒に「個別化」されたコンピュータ・プログラムの導入によって大幅な人件費削減を行っている．
(16) 「驚くほど蔓延している学力標準テストの不正，39州の学校で」AlterNet, 2014年10月6日．http://www.alternet.org/education/shockingly-widespread-standardized-test-cheating-schools-39-states
(17) ニューヨークタイムス，2011年7月6日．http://www.nytimes.com/2011/07/06/education/06atlanta.html
(18) Biesta, 2009, p. 656.
(19) Ibid., p. 653.
(20) Taubman, 2009, p. 146.
(21) 「見える成果　国立大に求める」朝日新聞，2015年6月20日．
(22) Chomsky, 1998.

第8章

(1) Labaree, D. F.(1992), Power, knowledge, and the rationalization of teaching: A genealogy of the movement to professionalize teaching, *Harvard Educational Review, 62*(2), pp. 124–125.
(2) Fendler, L. (2009), Teacher professionalization as a double-edged sword: Regulation empowerment in US educational policies, in Simons et al.(Eds.), pp. 735–753.
(3) Taubman, 2009.
(4) Porter, 1995.
(5) Ibid., p. 8.
(6) Labaree, 2011, p. 623.
(7) 「学力標準テストでは測れない大事なもの」ワシントンポスト，2015年3月1日．https://www.washingtonpost.com/news/answer-sheet/wp/2015/03/01/the-important-things-standardized-tests-dont-measure/
(8) Porter, 1995, p. ix.
(9) Taubman, 2009, p. 128.
(10) https://www.kantei.go.jp/jp/singi/kyouikusaisei/pdf/dai3_1.pdf
(11) http://www.mext.go.jp/component/a_menu/education/detail/_icsFiles/afieldfile/2013/12/18/1341974_01.pdf
(12) http://www.kantei.go.jp/jp/96_abe/statement/2014/0506kichokoen.html
(13) 西岡常一(2003)『木に学べ——法隆寺・薬師寺の美』小学館文庫，92–94頁．
(14) 同上，82頁．
(15) 西岡常一(2005)『木のいのち木のこころ——天・地・人』新潮文庫，23頁．

第9章

(1) 「シカゴ教員組合スト，交渉大詰め：世論調査では大多数が教員を支持」*Daily Kos*, 2012年9月13日．http://www.dailykos.com/story/2012/09/13/1131306/-Deal-may-be-near-in-Chicago-teachers-strike-poll-finds-majority-support-for-

teachers

(2) Shipps, D. (1997), The invisible hand: Big business and Chicago school reform, The *Teachers College Record, 99*(1), pp. 73-116.

(3) Nunez, I., Michie, G. & Konkol, P. (2015), *Worth striking for: Why education policy is every teacher's concern*, New York: Teachers College Press, p. 12.

(4) Saltman, K, J. (2010), *The gift of education: Public education and venture philanthropy*, New York, NY: Palgrave Macmillan, p. 151.

(5) Bradbury, A, Brenner, M, Brown, J, Slaughter, J, & Winslow, S. (2014), *How to jump-start your union: Lessons from the Chicago teachers*, Detroit, Michigan: Labor Notes.

(6) Ibid., p. 1.

(7) 「シカゴ教員組合長カレン・ルイス」Democracy Now, 2012年9月19日. http://www.democracynow.org/2012/9/19/chicago_teachers_union_president_karen_lewis

(8) Bradbury et al., 2014, p. 20.

(9) Ibid., p. 2.

(10) Nunez et al., 2015, p. 13.

(11) Bradbury et al., 2014, pp. 105-106.

(12) Ibid., p. 80.

(13) Ibid., p. 77.

(14) Chicago Teachers Union (2012), The schools Chicago's students deserve. http://www.ctunet.com/quest-center/research/text/Deserve_summary.pdf

(15) Bradbury et al., 2014, p. 74.

(16) Ibid., p. 74.

(17) Ibid., p. 129.

(18) Ibid., p. 154.

(19) https://youtube/JVpoOdz1AKQ

(20) Giroux, H., On the significance of the Chicago teachers strike: Challenging democracy's demise, *Truthout*, September 13, 2012. http://bit.ly/1OJmHyR

(21) Pinar, W. F. (2012), *What is curriculum theory?*, Mahwah, New Jersey: Routledge, p. xiv.

第10章

(1) 「今年は7州だけで少なくとも50万人の生徒が学力標準テストをボイコット」ワシントンポスト，2015年11月18日．https://www.washingtonpost.com/local/education/at-least-500ooo-students-in-7-states-sat-out-standardized-tests-this-past-spring/2015/11/18/356db342-8e15-11e5-ae1f-af46b7df8483_story.html テストボイコット運動については，The National Center for Fair and Open Testingが包括的に分析している．http://www.fairtest.org/

(2) ちなみに，ロサンジェルス市ではある教員の自殺により，教員評価の在り方や教員ランキング開示の動きを見直す気運が高まったという背景がある．「自殺

した教員，以前はトップの評価」CBS Los Angels, 2010 年 9 月 29 日．http://losangeles.cbslocal.com/2010/09/29/teacher-received-top-evaluation-before-suicide/

(3) PDK/Gallup Poll of the public's attitudes toward the public schools. http://pdkpoll2015.pdkintl.org/highlights

(4) ちなみに娘たちの学校では，今年(2016 年)はテストを受ける学年の全生徒の 36% がテストをボイコット．その人数は去年と比べ 480% 増加した．手続きは至って簡単で，校長先生に子どもがテストを受けない旨を一筆書いて伝えるだけだ．Change the Stakes (https://changethestakes.wordpress.com) や United Opt Out (http://unitedoptout.com) など，さまざまなオプトアウト団体が校長への手紙のサンプルをウェブに載せている．

(5) 「波乱――ハワイの教育を揺さぶるコリー・ローズンリー」*Civil Beat*, 2013 年 8 月 15 日．http://www.civilbeat.com/2013/08/19692-making-waves-corey-rosenlee-is-shaking-up-hawaii-education/

(6) 「緊急管理下での酷い教育環境を訴える教員らの「一斉病休」に揺れるデトロイト」Democracy Now, 2016 年 1 月 21 日．http://www.democracynow.org/2016/1/21/detroit_rocked_by_teachers_sickout_protesting

(7) 「昇給を求めるデトロイトの教員らが 3 校を除くすべての学校を閉鎖」Democracy Now, 2016 年 3 月 3 日．http://www.democracynow.org/2016/5/3/headlines/detroit_teachers_shut_down_all_but_3_public_schools_over_pay

(8) 「組合化するチャータースクール　ニューオーリンズで 3 例目」2016 年 4 月 26 日．https://preaprez.wordpress.com/2016/04/26/third-nola-charter-falls-to-unionization/

(9) 「ある先生の辞意表明――「私の選んだ職業は…もう存在しない」」ワシントンポスト，2013 年 4 月 6 日．https://www.washingtonpost.com/news/answer-sheet/wp/2013/04/06/teachers-resignation-letter-my-profession-no-longer-exists/

(10) 「教師歴 11 年の私が辞める理由」ハフィントンポスト，2014 年 6 月 16 日．http://www.huffingtonpost.com/pauline-hawkins/my-resignation-letter-teaching_b_5160721.html)

(11) 「レイクランドの元教師のもとへ数千通のメッセージ」．https://youtube/0Aml-5GYO9I

(12) https://www.facebook.com/wendy.bradshaw1/posts/10206677508354085

(13) Hagopian, J. (Ed) (2014), *More than a score: The new uprising against high-stakes testing*, Chicago: Haymarket Books, pp. 36–37.

(14) 「シカゴのテストボイコット運動――2 校目が加わる」*Education Week*, 2014 年 2 月 28 日. http://blogs.edweek.org/teachers/living-in-dialogue/2014/02/chicago_test_boycott_second_sc.html

(15) 「メイデーボイコット――ブルックリンの教師らが過剰試験に打撃」*In These Times*, 2014 年 5 月 12 日．http://inthesetimes.com/working/entry/16679

/protest_the_test

(16) 「怪獣を飢えさせろ：テストボイコットを組織する方法をシカゴの教員が示す」*Living in Dialogue*, 2014 年 8 月 21 日．http://www.livingindialogue.com/starve-testing-beast-chicago-teachers-show-us-organize-test-boycott/

(17) 「「良心に基づく行為」：全米共通学力基準の永久的ボイコットを教師らが宣言」*Common Dreams*, 2014 年 4 月 9 日．http://www.commondreams.org/views/2014/04/09/act-conscience-teachers-vow-permanent-boycott-common-core

(18) https://teachersofconscience.wordpress.com/

(19) https://vimeo.com/117989096

(20) ジルーは "aggressive depoliticization of the citizenry" という言い回しを用いている．Giroux, H., Neoliberalism and the machinery of disposability, *Philosophers for Change*, April 15, 2014. https://philosophersforchange.org/2014/04/15/neoliberalism-and-the-machinery-of-disposability/

(21) Freire, P.(1998), *Pedagogy of the oppressed*, New York: Continuum, p. 2.

(22) Hagopian, J., Hands up, don't test: Police brutality and the repurposing of education, *I am an Educator*, December 9, 2014. https://iamaneducator.com/2014/12/09/hands-up-dont-test-police-brutality-and-the-repurposing-of-education/

(23) Hedges, C., Why the United States Is Destroying Its Education System, *Truthdig*, April 11, 2011. http://www.truthdig.com/report/item/why_the_united_states_is_destroying_her_education_system_20110410

(24) Ibid.

(25) Arendt, H.(2006), *Eichmann in Jerusalem*, New York: Penguin Classics.

(26) Ibid., p. xiv.

(27) Arendt, H. (2009), *Responsibility and judgment*, New York: Schocken, p. 111.

(28) Hedges, April 11, 2011.

(29) Hedges, C., The Revenge of the lower classes and the rise of American fascism, *Truthdig*, March 2, 2016. http://www.truthdig.com/report/item/the_revenge_of_the_lower_classes_and_the_rise_of_american_fascism_20160302

おわりに

(1) 苅谷夏子(2012)『大村はま　優劣のかなたに――遺された 60 のことば』ちくま学芸文庫．

(2) 鈴木大裕「不登校から日本一」http://daiyusuzuki.blogspot.com/2009/09/blog-post.html

(3) Greene, M.(1988), *The dialectic of freedom*, New York: Teachers College Press.